話し方のコツがよくわかる

社会科学系面接

頻出質問・回答パターン25

小柴 大輔

＊この本には「赤色チェックシート」がついています。

はじめに

★受験のチャンスが拡大中。悩める受験生も急増中

学校推薦型選抜や総合型選抜など、受験のチャンスは拡大しています。しかし、そのための具体的な対策や準備をどうすればよいのかについて悩む受験生は多いでしょう。加えて、高校の先生方からも対策に苦労しているという声をたくさん聞きます。

いま、なぜ社会科学系に進みたいのか、そこで何を勉強して将来は何者になりたいのか。これを、他者、とりわけ大学教員に向けて堂々と伝えられる受験生は限られます。また、それを伝えるにはどうすればよいのかについても頭を悩ます受験生は多いでしょう。

★指導ノウハウを惜しみなく投入

そうした切実な悩みに具体的に答え、合格へと至る道筋を示すのが、この本です。

私は予備校の小論文講師として、長きにわたり志望理由書の添削指導や面接対策に携わる過程で、内容不十分な記述と口頭での回答を合格水準へと高めるノウハウを積み上げてきました。この本は、その指導ノウハウを大公開したものです。

この本の特長は、次の4つです。

❶　社会科学系向けに特化

そのぶんだけ内容は濃厚です。この系統だからこそ話すべきことがあるのです！

❷　推薦・総合型で必要な対策を網羅

面接対策を中心に据えつつ、合格する志望理由書づくりを手引きし、小論文や面接で使える発想法まで紹介しています。

❸　社会科学系に必要な教養が身につく

本文内で資料の集め方や書籍を案内していますが、じつはこの本を読み通すだけでも教養が身につき、試験でも応用できるつくりになっています。

❹ 生徒による実例が多数

私の指導を受けた生徒たちが残してくれた、膨大な事例のストックを利用しています。ただし、プライバシーへの配慮と、この本の読者にリアルに役立ててもらうための工夫から、一部改変しています。

★この本を通じて知的成長が遂げられる！

大学側が合格させたいと考えている受験生像は、いまの「素(す)のあなた」「ありのままのあなた」ではありません。試験に向けて誠実に準備し、知的に成長できるあなたです。大学側は、入学後も学びを通じて誠実に謙虚に自己を成長させ、他者にも貢献できる受験生を求めています。その道筋を、この本が照らします。

★謝　辞

この本の執筆機会を与えてくださったKADOKAWAの皆様に感謝申し上げます。面接や志望理由書の対策に導きの糸が必要であるように、この本を書き進めるうえでも「アリアドネの糸」が必要でした。おかげで、迷宮から脱出できました。また、以下は、志望理由書などを直接的・間接的に利用させてもらう際にお世話になった方々です。ありがとうございました。

小柴(こしば)　大輔(だいすけ)

＊大学受験専門ワークショップ教室長で面接を担当している石井里沙さんと事務スタッフの原麻衣子さんと生徒たち：丸遥香さん・上野莉奈さん・笹森彩来さん・諸岡知足さん・飯塚香琳さん・盛本千尋さん・福島惇聖さん・大久保綺更さん・久米里佳さん・柴田美穂さん・小口真里奈さん・中村絵利華さん・平岡彩暉さん・山根遥さんほか多数。
＊島根県出雲西高等学校における小論文課外授業受講者と中木信夫先生・神由貴先生・國武里枝先生・嘉藤由起先生をはじめとする進学プロジェクトの先生方。

CONTENTS もくじ

＊以下の★★は「重要度」を表します（★5つが最高）。

第4節　志望理由書の事例

第3章　社会科学系面接　頻出質問・回答パターン25

第5節　一般的な質問と回答パターン

第６節　専門的な質問と回答パターン

第4章 社会科学系面接の実況中継

第7節 個人面接

第8節 集団面接

第9節 討論・ディベート

本文イラスト：沢音　千尋

＊「第4章　社会科学系面接の実況中継」の「第7節　個人面接」と「第8節　集団面接」で想定されている設定は、以下のとおりです。

- 個人面接：試験官複数＋受験生1人
- 集団面接：試験官複数＋受験生複数

＊この本の記載内容につきましては、同著者の『話し方のコツがよくわかる　人文･教育系面接　頻出質問･回答パターン25』と一部重複しておりますことを、予めご了承ください。

この本の特長と使い方

★社会科学系面接の対策として必要な内容がオールインワン！

- 社会科学系で必須である面接の対策に特化した参考書。
- 社会科学系面接における頻出質問パターンと頻出回答パターンをカバーするだけでなく、面接の対策として必要なそれ以外の内容までカバーした「オールインワン」対策本。
- 「章」➡「節」➡「テーマ」の階層。「テーマ」が基本単位で、「重要度」を5段階（★の数）で表示。それぞれの階層が体系的に構成されている一方、内容的に完結しているので、通読と拾い読みのどちらも可能。
- 学校推薦型選抜・総合型選抜だけでなく、一般選抜にも対応。
- 「指導者の視点」からではなく「面接官の視点」から書かれた、即効性があり実践的な内容が満載。
- 場当たり的でない、普遍的な対策を提示。
- 社会科学系の大学生となるにあたっての必要な教養も伝授。

★考え抜かれたシステマティックな構成

- 「第１章　面接ってナニ？」：面接対策の準備と心がまえを伝授。
- 「第２章　志望理由書のまとめ方」：出願時の提出が義務づけられている志望理由書の書き方の指導と事例の紹介。
- 「第３章　社会科学系面接　頻出質問・回答パターン25」：この本のメインテーマ。面接官による質問例と受験生による回答例を25テーマ＝25パターンに分類。質問例は「一般的な質問」と「専門的な質問」、回答例は「ダメ回答」と「合格回答」で構成。
- 「第４章　社会科学系面接の実況中継」：面接における典型的な応答の事例を系統別に掲載。

★こんな受験生におススメ

- 社会科学系四年制大学を志望する受験生
- 学校推薦型選抜（内部推薦・指定校推薦・公募推薦）・総合型選抜の受験生、および一般選抜の受験生
- 通っている［通っていた］高校で、志望理由書・小論文・面接の対策を何も指導されていない［いなかった］受験生
- 面接で問われるような社会問題にはとくに関心はなく、ニュースはインターネットでしか読まず、新聞やニュース番組は読まない・見ないという受験生
- 面接が課される大学に出願する予定だが、どのように対策すればよいのかと悩んでいる受験生
- 口ベタ・話しベタな受験生
- 受験情報に疎い受験生
- 自分ひとりだけで対策せざるをえない受験生（社会人受験生、他学部・短大・専門学校からの編入生など）
- 難関校面接対策の基礎固めを行いたいと考えている受験生
- 上位校・中位校・中堅校の面接対策に万全を期したいと考えている受験生

＊この本は、2024年1月時点の情報にもとづいて執筆されています。

＊学校推薦型選抜･総合型選抜は、本書では「推薦･総合型」と表記されています。

＊「第2章　第4節」「第4章」の見開き右ページに掲載されている「コメント」中の記号には、以下のような意味があります。

　◎：合格レベルの記述･回答／○：許容レベルの記述･回答／△：評価が分かれる可能性のある記述･回答／×：減点される記述･回答

＊挙げられている書籍には、現在では入手困難な本が含まれている場合もあります。

第1節 面接の基礎知識

近年の受験方式について知っておこう

重要度 ★★★★★

★推薦・総合型はメジャーな受験方式

学校推薦型選抜（旧・推薦入試）は、私の高校時代には、クラスで受けるのはせいぜい1、2人程度というマイナーな試験でした。また、総合型選抜（旧・AO入試）はまだ実施されていませんでした。

ところが、いまや推薦・総合型はメジャーな受験方式です。以下の受験方式別の大学入学者割合を見てください。

	一般選抜	学校推薦型選抜	総合型選抜
国立大	約82%	約13%	約5%
公立大	約71%	約25%	約4%
私立大	約43%	約44%	約13%

＊ 2021 〜 2023年度入試　文部科学省の資料を参考に作成。

国公立大ではまだ一般選抜（旧・一般入試）の割合が高いものの、私立大では推薦・総合型の割合が一般選抜を上回っています。このように、現在、大学受験の「主戦場」は推薦・総合型なのです。

この状況は、みなさんの保護者の受験時代からはあまりにもかけ離れています。みなさんと保護者とのあいだで認識の食い違いが生じないよう、この表を保護者に見せてあげてください。

★推薦・総合型の種類

◆総合型選抜

まず、総合型について説明します。

総合型は、かつては「AO入試」と呼ばれていました。「AO」はAdmissions Officeの略称です。

2020年代に入ってから、AO入試の名称は総合型選抜に変わりました。しかし、名称はどうであれ、大学が求める学生像がアドミッション・ポリシー（入学者受け入れ方針）にもとづいている点、大学の入試事務局によって多面的・総合的な視点から長期間にわたる審査が課される点に変更はありません。

◆学校推薦型選抜

学校推薦型には、以下の2種類があります。

	国立大	公立大	私立大
指定校推薦	なし	一部あり （「県内・市内の高校に限る」など）	あり
公募制推薦	あり	あり	あり

指定校推薦は、受験できる高校を大学側であらかじめ指定・限定する方式です。国立大では実施されていないという点はおさえておきましょう。

そのような制約がないのが公募制推薦です。多くの人にチャンスが開かれていて、以下の2種類があります。

特別推薦	スポーツの優秀者、文化活動やボランティアで顕著な実績を挙げた人などが対象
一般推薦	上記以外の人が対象

特別推薦で最もメジャーなのは「スポーツ推薦」です。ほかにも、音楽・美術・書道などでの顕著な実績も評価対象となります

一方、学びや志望学部・学科への熱意や関心なども評価対象となるのが一般推薦です。たとえば「全国大会3位」のような華々しい実績がなくても、学び面における努力で志望校の合格を勝ち取ることができます。

★共通テストの有無

推薦・総合型出願時に注意すべきなのは、共通テストを課すかどうかという点です。国公立大の場合には、一般選抜では必ず共通テストが課されます。ところが、推薦・総合型では、国公立大にも「共通テストを課さない方式」があるのです。つまり、受験勉強としては文系3教科しか勉強していない人でも、推薦・総合型でなら国公立大にチャレンジできるのです。

学校推薦型選抜	国 立 大	公 立 大	私 立 大
共通テストを課す方式	あり	あり	ほぼなし
共通テストを課さない方式	あり	あり	あり

総合型選抜	国 立 大	公 立 大	私 立 大
共通テストを課す方式	あり	あり	ほぼなし
共通テストを課さない方式	あり	あり	あり

まとめると以下のとおりです。

一般選抜　(国公立大は共通テストあり)

学校推薦型選抜
- 指定校推薦
- 公募制推薦
  - 特別推薦
  - 一般推薦
    - 共通テストあり
    - 共通テストなし

総合型選抜
- 共通テストあり
- 共通テストなし

★併願の可・不可

一般選抜は併願の制限がないため、合格したら必ず入学しなければならないという制約はいっさいありません。一方、「その大学・学部・学科に行きたい」という熱意や学問への関心が審査される推薦・総合型では事情が異なります。

国公立大の推薦・総合型では、「合格すれば入学する」という「専願」しか認められていません。一方、私立大の推薦・総合型では「併願」可能校が相当数にのぼります。また、大学単位ではなく学部・学科単位でも扱いが多様で、文学部のなかでも英米文学科だけ併願可という例もあります。

国　立　大	公　立　大	私　立　大
専　　願	専　　願	「専願」「併願可」もありで、多様

したがって、併願可の私立大を数校受けつつ、専願（あるいは「本学を第1志望校とする者」という限定）の大学を1つ受験するという作戦のほか、推薦・総合型で「おさえ」の大学を確保しつつ一般選抜でチャレンジ校を複数受けるというプランもありえます。

★調査書による出願条件の有無

「調査書」、つまり学校の成績（「評定平均」や「学習成績の状況」などとも表現されます）によって出願できる・できないという条件があるかどうか、という点にも注意が必要です。この場合の条件は、高3の1学期までの成績です。

学校推薦型選抜	国　立　大	公　立　大	私　立　大
成績の条件 「あり」の方式	「あり」が主流	「あり」が主流	あり
成績の条件 「なし」の方式	あり	あり	あり

総合型選抜	国　立　大	公　立　大	私　立　大
成績の条件 「あり」の方式	あり	あり	あり
成績の条件 「なし」の方式	あり	あり	あり

第1節 面接の基礎知識

そもそも、大学受験の面接ってナニ？

重要度 ★★★★★

★大学での面接では学問への関心が問われる

高校受験の面接で見られるおもな点は、生活態度につながる姿勢です。高校では、規律と学びがセットと考えられているからです。事実、高校教員の業務には、教科指導とともに生活指導も含まれます。一方、

大学教員の業務には生活指導は含まれません。

大学教員は教育者ですが、研究者でもあります。ここが肝心な点です。研究活動を行っている高校教員もいますが、必須業務ではありません。

	生活指導	研　究
高校教員（教諭など）	○	△（する人もいる）
大学教員（教授・准教授・講師）	×	○

高校教員は文部科学省による学習指導要領に従って教科指導を行います。一方、大学教員はなんらかの学問分野を専門としてもっていますが、学問にはあらかじめ学習指導要領のようなただ1つの方向性や正解は用意されていません。大学受験の面接では、将来の学生候補である受験生は、大学教員によって、

学問を研究しそれを教育する者としての目

から見られます。だから、みなさんは、自分がもっている学問への関心を試験官である大学教員に伝える必要があるのです。

高校／大学	どこが見られているのか
高校受験の面接	生活面・規律面
大学受験の面接	学問への関心

★大学生の呼称は、「生徒」ではなく「学生」

日本では、教育の段階によって「学ぶ者の名称」が変わります。

教育段階	学校の名称	学ぶ者の名称
初等教育	小 学 校	児　　童
中等教育	中学・高校	生　　徒
高等教育	大　　学	学　　生

ここからわかるように、受験生であるみなさんに課せられる面接は、生徒ではなく学生になるために必要な関門なのだと心得ましょう。したがって、志望理由書に「オープンキャンパスで貴学の生徒が親切で」と書いたり、面接で「貴学の生徒になれましたら」などと話したりしたら、試験官に「この受験生は、わかっていないな」と思われてしまいます。

学問には、唯一解は用意されていません。その学問を学生として学ぶ資格が得られるよう、面接では学問への関心と熱意を語りましょう。

★学生には「学びの主体性」が求められる

以上のことから、面接で「自己PRしてください」と言われた際、もしくは文書として自己PRを提出する際には、注意が必要です。

たとえば、「学校で出された課題はすべてこなしてきた」とか「先生に言われたことはしっかり守ってきた」などという回答や記述では、まったく不十分です。それは「生徒」の立場からの説明でしかありません。アピールすべきなのは、「学生」としての、

学問への主体的なかかわりと熱意＝学びの主体性

です。

そもそも「PR」はpublic relationsの略語であり、「公的な諸関係」や「公報・広報」などと訳されます。つまり、単なる自己アピールで

はないのです。

推薦・総合型で試験官を務めるのは、志望学部の研究者（教授、准教授、講師など）です。みなさんは、特定の学部の志望者です。学問の場を共有するという公的な諸関係のなかで自己を語る必要があります。つまり、

どのような経験から、どのような学問的関心と熱意をもっている自己なのか

が語れなければなりません。たとえば、一般選抜では学部まで選べない東京大でも、推薦型選抜では学部単位で選考されます。特定の学部を志望することには、それ相応の覚悟が必要なのです。

★志望理由書を丸暗記して話すのはダメ

面接での回答も、以上のような学問への関心がベースとなります。推薦・総合型の面接では、「立て板に水」のごとく流暢（りゅうちょう）にスラスラ話せることが求められているわけではありません。アナウンサーの試験ではないからです。たとえつっかかっても、言い直しがあっても、ゆっくりトツトツとした口調でもかまいません。熱意が伝わればよいのです。そのため、

志望理由・研究計画はとことん具体化

しておきます。また、

志望理由書を丸暗記して面接の場で朗々と唱えるのはダメ

です。丸暗記していると、緊張のなかで言葉が飛んでしまい、パニックになりかねません。面接は、『いろは歌』『平家物語』の暗唱大会や暗記力の試験ではありません。あなたが志す学問に関する公的な対話をめざします。対話が必要ですから、一方的に伝えるだけではダメなのです。

志望理由書に記した内容のうち、最重要要素・要点だけを覚えてください。面接では、目の前にいる試験官に対して誠実に言葉を届けるよう心がけ、あとは流れに任せましょう。

志望理由書を丸暗記する	×
要点だけ覚えて、目の前の相手に熱意を語る	○

★面接を練習する目的

面接を練習する目的は、本番での緊張をなくすことではなく、自分の学問への関心とその熱意を伝えることにあります。学問の場を共有するという公的な諸関係のなかで、自分がめざす学部・学科の大学教員と対面するのですから、緊張するのは当たり前です。むしろ、緊張感を欠くほうが問題です。

学校で面接の練習を受ける場合には、担任の先生や進路指導の先生だけでなく、ほかの先生にも事情を話して面接対策のトレーニングに付き合ってもらえるようお願いしましょう。多忙をきわめる学校の先生に交渉することは、対話力を高める訓練として役立ちます。

面接の練習は、本番で緊張しなくなる練習	×
緊張していても自分の学問への関心と熱意を語れる練習	○

高校教員に関する話題に関連し、ここで、日本の高校教員が多忙である理由を、米国との比較で示します。

日本の高校教員の労働時間はOECD（経済協力開発機構、いわゆる先進国クラブ）加盟国で最長ですが、教科指導の時間は平均以下です。「部活動指導」「生活指導」「進路指導」なども担当しているからです。米国なら、これらの仕事は教員以外の担当者が引き受けます。日本では、部活動指導を外部委託することについて、ようやく議論が始まりました（2017年度に制度化されたが、認知度はまだ低い）。日本における教員の働き方改革への取り組みは緒（しょ）についたばかりです。

第1節 面接の基礎知識

テーマ03 社会科学系の面接ではどこが見られるのか

重要度 ★★★★★

★推薦・総合型は学部・学科単位での試験

推薦・総合型では、志望理由書・面接・小論文の審査とも、志望学部・学科の教授などが担当します。先のテーマ02で触れた高校受験との違いだけでなく、

一般選抜と推薦・総合型との違い

もよく理解しておいてください。一般選抜では、教科学力（英語、国語、地歴公民など）の得点が問われますが、社会科学系への学問的関心や志望理由は問われません。

一方、その学部・学科、つまり社会科学系の学問への関心や熱意など点数化しにくい要素を評価するのが推薦・総合型ですから、そこにチャンスがありますし、準備の必要も生じます。

大学受験の面接は、いわば「公式のインタビュー」です。社会科学系学部・学科の面接では、志望学部・学科の教員が試験官＝インタビュアーとして、回答者＝インタビュイーである受験生にさまざまな質問を投げかけます。ここでの主役は、受験生であるみなさんです。

受験生	インタビュイー・回答者	主役
大学教員	インタビュアー・試験官	脇役

面接での役割

★「ありのままの自分」ではない自分を見せよう

「受験生が面接の主役」だと聞いて、面接に対して恐怖心をもった人もいるかもしれません。しかし、けっして緊張をあおっているわけではありません。

私がお伝えしたいのは、

審査される**側**だからといって**卑屈**になる**必要**はない

ということです。

「研究オタク」（ほめ言葉です）である大学教員の役割は、合格させたい人材をインタビュアーとして見きわめることにあります。

大学教員は受験生にさまざまな質問をしますが、受験生の私生活をのぞき見たいわけではありません。「休みの日は何をしていますか」という質問では、受験生が社会科学系進学にふさわしい資質を有しているかどうかを探っているのです。

みなさんは、

「ありのままの**自分**」をさらけ**出**す**必要**はありません。

いや、むしろさらけ出してはなりません。みなさんに求められているのは、社会科学系の学部・学科をめざすオフィシャルな自己像を見せることです。

ありのまま・「素（す）」の自分	×
プライベートな自分	×
社会科学系にふさわしい資質をもつ自分	○

面接という公式インタビューで見せる自己像

したがって、前出の質問に対しては、「休みの日でも、この1年は、●●学が専攻できる大学を調べていました」「休みの日にできた時間を利用して、▲▲学関連の本を読んでいました」などと回答することが望ましいのです。

★面接では「演技」が必要

「『面接で演技しろ』っていうのですか⁉」。そのような声が聞こえてきそうです。日本では、「ありのまま・『素』の自分」が大切であり、「演技」は「偽善」と同じように「いかがわしい」「やましい」ととらえられる傾向がありますからね。どうしてそうなのかは、それこそ社会科学系の研究テーマになりそうです。実際に、著名な政治学者（日本政治思想史）の丸山眞男は「偽善のすすめ」（『丸山眞男集』／岩波書店所収）という論文を書いています。ここでは社会科学系受験生としての役割を果たすべく振る舞おう＝演技しようといいたいのです。

これは、面接試験という一時的なイベントだけでは終わりません。入学後も社会科学系の学生としてふさわしい振る舞いが期待されます。ロール・プレイということです。

★あなたがもつ「社会と人間への関心」はホンモノ？

先述のとおり、推薦・総合型の面接は、志望学部・学科の教員が担当します。では、その教員は受験生のどこを見ているのでしょうか。

社会科学系の学部・学科では、以下が探究対象となります。

- 社会
- 社会と人間のかかわり
- よりよい社会をつくる方法

以上から、社会科学系の面接では、受験生がもつ「社会と人間への関心」が確かであるかどうかが見られているといえます。

少し例を挙げてみます。いずれも、実際に面接で聞かれた質問です。

- 現代におけるポピュリズムの具体例を挙げよ。　〔山口大・経済〕
- 罪を犯した人を、社会はどうすれば受け入れられるか。　〔東北大・法〕

- 少年犯罪防止について大事なことは何か。〔山形大・人文社会科〕
- 市町村合併の功罪を挙げよ。〔福島大・行政政策学類〕
- 電子マネーの功罪を挙げよ。〔茨城大・人文社会科〕
- 憲法改正にはどのような意見があるか。〔茨城大・人文社会科〕
- 法律を制定する際に気をつけるべき点は何か。〔新潟大・法〕
- 公平な社会とは何か。〔富山大・経営〕
- ヘイトスピーチへの法規制について考えを述べよ。〔金沢大・法学類〕
- 企業による情報漏洩の原因を挙げよ。〔専修大・商〕

いかがでしょうか。こうした質問に対してどう答えていくのかについては第3章でくわしく扱うので、安心してください。社会科学系面接で見られるのは、社会と人間にかかわる学問への関心・社会と人間への関心がホンモノかどうか、という点です。面接では、質問への回答内容が完璧かどうかよりも、社会科学系を志す者として誠実に答えようとする姿勢が問われるのです。

★社会科学系では「対人コミュニケーション能力」が大切

社会科学系は「社会と人間」を扱いますから、面接という対人コミュニケーションの場は重要です。

ここでいう「対人コミュニケーション能力」とは、相手を尊重し質疑応答を重ねられる力です。大学における学びの核は、講義を聴くこと・書籍を読むことだけでなく、議論を交わすことにもあります。その能力は、将来、たとえば公務員として市民や専門家の意見を聴きながら政策を考える際、記者として取材をする際、新商品の企画立案のためにプレゼンテーションを行う際などに必要です。それは、「おしゃべりがうまい」「愛想がよい」「場の空気が読める」などを意味しません。以降、順を追って説明していきます。

第2節 面接のための準備

テーマ04 面接の心がまえ①——学問への意欲をアピールする

重要度★★★★★

★学問への関心の具体化・詳細化

推薦・総合型では、学問への意欲をどれだけ具体的に語れるかが勝負です。ですから、たとえば「経済学を学びたい」という回答では大ざっぱすぎます。同様に「法学部で学びたい」など、学部名を伝えるだけでは掘り下げが足りません。回答には、「●●氏著の法哲学の本を読んで以来、法学のなかでも法思想史に関心があります。なぜなら～」「商法、なかでも会社法に興味があります。というのも～」「各国の憲法比較に関心があります。どうしてかと申しますと～」などの踏み込んだ具体化が必要なのです。

めざすべきは、大学の卒業論文における仮テーマを設定することです。

卒業論文は、大学で一般教養科目と専門科目を学び、3年次からテーマの設定と研究の準備を始め、たくさんの文献を読み進めつつ、指導教授のアドバイスを受けて書き、推敲して、4年次の12月ごろに提出します。なお、卒業論文が必須ではない大学・学部もあります。所属するゼミ・研究室によっても、論文の有無はさまざまです。ともあれ、大学の卒業論文を受験生の段階でイメージするのは大変ですが、無理だと決めつけず、仮でもよいので、いまの段階で自分なりにテーマを設定してみてください。

★どのような学問分野があるのか

面接の準備段階では、どのような学問分野があるのか、自分がいだいている興味がどこにあてはまるのかを考えていきましょう。場合によっては、複数の学問分野にまたがるもの（学際系・総合系）なのか、新しい学問分野（新領域創生）を開拓する必要があるのかまで考えを進めてみましょう。

社会科学系の例として、「政治学」を挙げて詳細に分類してみます。なお、以下の分類は、大学の学科名や専攻名・専修名に該当するものと、大学の授業名・講義名に該当するものをそれぞれ含みます。

世界全体、国・地域による分類	国際政治学、EU論、米国政治論、ドイツ政治論、日本政治論、中国政治論、イスラーム政治論など
政策による分類	経済政策、文化政策、スポーツ政策、環境政策、エネルギー政策、軍事・外交政策など
思想による分類	政治哲学、政治制度史、西洋政治思想史、日本政治思想史など
細かいテーマごとの分類	地方自治論、政党論、選挙制度論など

ちなみに、法学や経済学の場合でも、上記のような分類があてはまります。また、社会学には、カバーする対象が幅広いという特徴があります。たとえば、社会心理学、音楽社会学、比較社会学、メディア論、ジェンダー論、家族論、社会調査論や統計分析なども社会学に含まれます。

なお、経済学・経営学・商学は相互に接点や重なる面があります。自分の関心はどこにあるのか、だんだんと明確にしていきましょう。

★学ぶ目的を明らかにしよう

少し視点を変えて例を挙げます。ここでは分類ではなく目的に注目します。この段階では、「なぜ・何のために●●学を探究したいのか」という、みなさん自身の個人的な動機や学びの構想を浮かび上がらせます。

法学	●そもそも社会に法律が存在する理由や、法律に時代・地域ごとの変化や差異が存在する理由を探究したい。 ●法には人を縛る側面がある一方で、人間の自由や権利を保障する側面もある。その意義について探究したい。 ●社会問題を解決する手段として、法律にはどのような可能性と限界があるのかを探究したい。
政治学	●政治学が現実の政治や政治家に対して果たす役割を探究したい。 ●ポピュリズムの台頭など、民主主義の危機が起きた理由を探究したい。
経済学	●貨幣の本質的機能や、仮想通貨の可能性と問題点などを探究したい。 ●1990年代以降に日本経済が停滞した理由を探究したい。
経営学	環境問題や持続可能性のために経営学が果たせる役割を探究したい。

志望理由を強くアピールするためには、このように、志望校で探究したい内容を明確に述べる必要があります。自分自身の内面にさまざまな問いを投げかけ、学ぶ目的を引き出しましょう。

学ぶ目的を独力で掘り下げるのが難しい場合には、大学のパンフレットや公式サイトなどを参照してもかまいません。その際には、これらから動機や構想のヒントを得るんだという姿勢で読み込みましょう。

以下は、私が読んだ本のなかにあった、社会科学系学問の魅力を伝える表現です。

例1 「マルクスもフロイトも社会学者だった」(大澤真幸『社会学史』/講談社現代新書) ＊社会学者

例2 「経済(エコノミー)と環境保護(エコロジー)。分裂し、対立するかのような両者が折り合う思想は可能なのか。このきわめて現代的な問題は、すでに19世紀に定義されていた」(伊藤邦武『経済学の哲学』/中公新書) ＊経済思想史・社会哲学の研究者

例3 「『緊急SOS!池の水ぜんぶ抜く大作戦』という番組がある。池の水を全部抜くことと法哲学は、相通ずるところがあるのではないか……(中略)……法哲学は、その常識という淀みをぜんぶ抜き、そこに人間社会なるものの影の部分を見つけ出す」(住吉雅美『あぶない法哲学』/講談社現代新書) ＊法哲学の研究者

★大学・学部・学科との「マッチング」

最後に、「マッチング」、つまり受験生と大学・学部・学科の特徴・個性との相性について述べ、このテーマを締めくくります。

たとえば、「将来、社会的弱者を支援する弁護士になりたい」という意欲があっても、志望校の法学部が司法試験合格者数をあまり多く出していない場合や、弁護士のような法曹養成よりも、法的教養・リーガルマインドをもった社会人の育成に力を入れている場合には、マッチングがよくありません。入試の難易度や偏差値は同じくらいでも、司法試験の合格者数や法科大学院の有無など、大学ごとに特性、差異があります。

下調べ不足が原因であなたとマッチングのよい大学が志望校の候補から漏れてしまうとしたら、もったいないですよね。

第2節 面接のための準備

面接の心がまえ②――大学での学び・研究への適性をアピールする

重要度★★★★★

★適性のアピールには「積極性」が必要

ここでは、能力や適性のアピール法を紹介します。

先のテーマ04では、学問への関心を具体化・詳細化したうえで学びの動機を伝える方法に触れました。これをもっと豊かに「●●のために▲▲の■■を学びたい」と伝えるため、学問への「積極性」のアピールを工夫しましょう。つまり、面接でのアピール点は、「適性」と「積極性」の両方なのです。

高校までと違い、大学にホームルームは原則としてありません。朝礼もありませんし、担任もいません。大学教員が作成した授業・講義内容の紹介資料であるシラバスを読み、必修科目・選択科目・一般教養科目・専門科目の区別を理解したうえで、受講する科目と、年間あるいは学期ごとの時間割を学生みずからが決める。大学とはそういう場なのです。

★高校での取り組みも面接の材料

私自身も、自由と責任がともなう学びの場としての大学に憧れ、静岡県の山奥から大志をいだいて上京しました。

大学では、わからないことを事務職員に質問したり、先輩などに聞いたりすることはできます。しかし、高校までとは段違いのレベルで主体性・積極性を発揮することが求められます。したがって、面接では、大学での学びの環境に適応できる、いや適応できるどころか大学という知のリソースを活用できるという適性をアピールすることが重要です。その準備として、現在を凝視し、過去を振り返って、主体的・積極的な取り組みとしてどのような例があったのかを掘り下げていきましょう。

面接で伝えるべき内容には、授業への取り組みも含まれます。高校での授業科目は、選択の幅が限られています。しかし、それだからこそ、自分オリジナルの取り組みが伝えやすいはずです。クラス全員が同じモチベーションで授業を受けているわけではありませんから。

また、「自由研究」「課題研究」など、名称はどうであれ、自分でテーマを決め、資料を集めて文章にまとめたり発表したりした経験をもつ人もいるでしょう。それも面接用として格好の材料ですよ。

★学問に対する姿勢として参考になる情報

ここで、以前北海道大で出た小論文課題を紹介します。

読むべき文章資料が2つ出ました。1つは、経済学者である小泉信三の「学問の道」という文章。もう1つは、小説家である伊藤整の「使うべき駒」という文章です。なお、問題指示文は、「両者の主張を自分の経験と関連づけながら、あなた自身の勉強に対する姿勢を論じなさい(500字以内)」と記されていました。

前者の文章は、「テストのための勉強や他人に向かって点数を誇るような勉強はダメ。そうではなく、物事を知ることそのもの、学問そのものを大事にして人類に貢献する学びが重要だ」と説いています。

一方、後者の文章は「1つのことだけに熱中するのは不十分であり、その1つのことを生かすためにも多くのことを広く勉強すべきだ。知識は『駒』としてたくさんあるほうがよい。むだはすべて有用である」と説いています。

どうですか。この出題は、受験生の学問への姿勢を試す材料として、とても参考になります。500字まで書けなくてもかまわないので、面接用にメモとして書き出してみましょう。

★「主体性（積極性）」は、一般選抜の出願条件としても重要

「主体性」の対象は、勉強・学業面だけにはとどまりません。海外留学経験、ホームステイの受け入れ経験、部活動、委員会、文化祭・体育祭活動、課外活動、ボランティア、趣味、ネットでの配信などの経験・活動も対象となります。

主体性は、推薦・総合型だけで求められる資質ではありません。なんと、いまでは多くの大学が一般選抜の出願条件としても主体性を求めているのです。どうしてかというと、文部科学省が学習指導要領に「主体性をもって多様な人びとと協働して学ぶ態度」をかかげ、各大学に対して受験生に記載させるよう求めているからです。

以下、例を挙げます。

- 慶應義塾大：「主体性」「多様性」「協働性」についてどのように考え、心掛けてきたかを入力（100字以上・500字以内）。合否判定には用いない。
- 國學院大：過去3年の期間で主体的に取り組んだ活動について記載した資料を提出。合否判定には用いない。
- 上智大：高校生活において主体的に取り組んだ活動の成果や、留学・海外経験、取得した資格・検定などの学修データを提出。得点化しない。
- 法政大：「主体性をもって多様な人びとと協働して学ぶ態度」にもとづいて活動・経験してきたと考えていることについて入力（100字以上・500字以内）。合否判定には用いない。
- 早稲田大：「主体性をもって多様な人びとと協働して学ぶ態度」にもとづいて活動・経験してきたと考えていることについて入力（100字以上・500字以内）。得点化しない。

どうでしょうか。各大学の指示が似ていますね。文部科学省から「やらされている感」が出ていて、多くが「合否判定には用いない」「得点化しない」と抵抗を試みています。本来、どのような学生を選抜するかは大学の自治・学問の自由にかかわりますからね。ちなみに米国では、建国以来、原則的には国立大学を設置してこなかった（海軍大学や陸軍大学などを除く）理由も、国家権力から大学の自治・学問の自由を守るためです。

一般選抜の受験生であれば、この条件に従って「仕方なく書く」人が多いかもしれません。しかし、推薦・総合型の受験生であれば、この指示には本気で取り組みましょう（先述の権力の介入うんぬんの話は、ひとまず置いておいて）。一般選抜も受ける場合には、その準備を兼ねます。面接対策としても大いに役立ちます。

以下、補足があります。

「主体性」は「積極性」と言い換えられるだけでなく、「自発性」「指導力・リーダーシップ」「自分の頭で考える」「行動力」「『問題発見』『問題解決』の能力」「希望と可能性の発見能力」なども意味します。

「多様な人びと」は、外国など異文化圏の人びととは限りません。高校のクラスメイトも部員も、あるいは地域住民もここに含まれます。

「協働」は、「和気あいあい」や「みな一丸となって」という意味ではありません。むしろ、対立・葛藤・衝突がありつつも対話を重ね、議論を深め合意を引き出すという知的な営みを意味するのです。

第2節　面接のための準備

テーマ06

大学と学問の情報収集法

重要度★★★★★

★パンフレットと公式サイトを比較検討しよう

志望校を決定するうえで便利なのが、各大学のパンフレットと公式サイトの情報です。もうすでに決めている人にとっても、志望校の特徴をしっかりとつかむためにこれらが必要です。

パンフレットは、「大学入学案内」「ガイドブック」「大学案内」「大学インフォメーション」「キャンパスガイド」「進学案内」など、名称はさまざまですが、各大学から毎年発行されています。

国公立大の場合は有料が主流で、私立大の場合は無料（発送料のみ負担という場合もあります）が主流です（授業料は、国公立大のほうが安いのですが……）。

以下、入手方法を案内します。

- 各高校の進路資料室などに置かれている資料請求ハガキを利用する。
- 「マイナビ進路」「スタディサプリ進路」など、パンフレット取り寄せの専用サイトを利用する。
- 各大学公式サイトから注文。大学によっては「電子版」「PDF版」もあり、ダウンロード可能。

志望理由書や面接の材料を比較検討しやすいという理由から、個人的には紙のパンフレットがおススメです。電子版なら、プリントアウトして使いましょう。

「比較検討」といいましたが、志望校を決めている人もそうでない人も、パンフレットは複数取り寄せましょう。たとえ受験する予定はなくても、気になる大学のぶんは最低でも5校程度を手元に置くのをおススメします。

★資料のどこを見るべきか①：学問の魅力・学問の特徴

そのような資料ではまず何を見るべきでしょうか。それは、学問の魅力や学問の特徴に関する説明です。資料を見ると、すでに志望校を決めている場合でも、その学問分野の魅力の再発見・再確認につながります。また、ある学問の存在とその存在意義にはじめて気づかされることもあります。

以下、いくつか例を挙げます。

例1　法学と政治学：國學院大のパンフレット（2023年版）からの引用

「法学および政治学の目標は、社会に対する法的・政治的な関心に基づき、十分な知識に照らし合わせて問題を客観的に把握し、対話の中で説得的な結論に達することです」

例2　経済学：関西学院大のパンフレット（2023年版）からの引用

「モノとお金の流れを論理的、歴史的、政策的に分析するのが経済学。経済学部は現実の経済現象を認識するとともに、実態を的確に分析する力を育む教育を行っています」

例3　経営学：学習院大のパンフレット（2023年版）からの引用

「経営学とは、経営者になることに特化した学問ではなく、社会や組織の課題を抽出してよりよいあり方を追究し、『ヒト、モノ、カネ、情報、時間』といった経営資源の効率よい利用について研究する学問です」

例4　会計学：京都大のパンフレット（2022年版）からの引用

「会計学は、『事業の言語』といわれる会計を対象として発達した学問です。会計の仕方がわかれば事情の見え方もわかるため、どのような考え方にもとづいて事業活動を認識し表現すべきかという問題が重要です」

いかがでしょうか。それぞれの学問について、別の大学ではどのように説明されているのだろうか、と興味がわいてきませんか。

★資料のどこを見るべきか②：教員・授業・研究

次に、教員の情報、その教員が担当する授業内容、および専門とする研究内容に関する説明に目を通します。とくに、志望校が決まってきたら、その大学が発行した過去のパンフレットを参照するのがおススメです。

パンフレットでは、大学教員が学問の魅力を存分に語っています。私もよくパンフレットを見ますが、意義深い言葉にたくさん出合います。

しかし、パンフレットに写真付きで紹介される教員やその言葉は毎年入れ替わります。このような役割は、教員間で毎年持ち回りで担当されるからです。みなさんの琴線に触れる言葉が最新版パンフレットに載っているとよいのですが、その保証はありません。過去のパンフレットも見てほしいと言ったのは、そのためです。

ところで、過去の資料はどこで入手すればよいのでしょうか。第1に高校の進路資料室、第2に各大学公式サイトです。一例ですが、東京外国語大の公式サイトでは、過去5年間分の大学案内がダウンロードできます。「過去パンフ」の意義をよく把握していることがわかりますね。

いくつかの資料を比較していくと、志望校だけでなく、日本の大学の共通点もわかってきます。

- 高校までとは異なり、時間割を学生自身が組まなければならない。
- **第1外国語・第2外国語**が必修。
- 1・2年次ではおもに**一般教養科目**を履修し、**専門科目**は3年次からの履修が多い。
- 社会科学系では、**卒業論文**が必須ではない場合がある（ゼミや研究室によっては論文を書くケースもある）。

- 一定程度であれば他学部の授業も自分の所属学部の卒業単位として認められる**他学部履修**が可能。

したがって、志望理由書や面接で「他学部の授業も受けられることが貴学の魅力です」などと述べるのは見当違いであることがわかりますね。そのようなしくみは、たいていどこの大学にもあるからです。

★「偏差値の目」と「学問への関心の目」

みなさんに意識してもらいたいことがもう1つあります。それは、通常の学力試験がない大学や、共通テストを課さない大学を推薦・総合型で受ける場合には、偏差値という基準で選ぶことが必ずしも正しいとは限らない、ということです。推薦・総合型の場合には、教科学力のように点数化したり偏差値で測ったりすることができない学問への熱意や関心を大学側が審査する意義を、よく考えてほしいのです。

たとえば、筑波大のような難関国立大でも、志望理由書・小論文・面接で合格できる学校推薦型選抜を実施しています。私が受け持った生徒にも、志望理由書に「妖怪を研究したい（民俗学・民間伝承の研究）」理由とその学問的意義および具体的な研究計画を記して合格した例があります。

「自分を入れてくれそうだから」などと、偏差値という基準だけに頼ることは、志望校で扱う学問分野への熱意や関心とは正反対の選び方です。推薦・総合型の志望校選びでは、取り組みたい学問が学べる最高の環境がどの大学に用意されているのかをじっくり調べてください。

本の情報収集法①——本との出合いの場

重要度 ★★★★★

★読んできた本を挙げられる強み・挙げられない弱み

関心のある学問分野への熱意を志望理由書や面接で伝える際に、読んできた本を挙げられることは強いアピールとなります。入学後、社会科学系学部では、

専門分野の本を読むことが学びの大きな柱になる

からです。面接で関心分野についてどのような本を読んできたかと問われて「読んでいません」などと答えるのは、想像するだけで戦慄（せんりつ）が走ります。

では、すてきな本に出合える「場」はどこでしょうか。

> ❶ 学校の図書室、および住んでいる地域の公立図書館、書店
> ❷ 「スタディサプリ LIBRARY」https://shingakunet.com/library
> ❸ Amazon などのネット書店
> ❹ 本を紹介している本（「本の本」）
> ❺ 入試問題出典（じつは、そうと気づかずに読んでいた！）

以下、それぞれの特徴を紹介します。

★学校の図書室、および住んでいる地域の公立図書館、書店の利用

学校の図書室に勤める**司書教諭**、および図書館に勤める**図書館司書**は、書籍案内のプロフェッショナルです。司書教諭と図書館司書は本が大好きなだけでなく、「●●の分野でよい本を教えてください」という問い合わせに答えることを至上の喜びとしています。仲よくなって、継続的にアドバイスをもらえる関係をつくりましょう。これは、対話によるコミュニケーション能力

の鍛錬にもなります。

学校の図書室、図書館には、複数の本を無料で借りられるという大きなメリットがあります。しかし、自分が所有しているわけではないので、本への書き込みは禁止です。重要箇所はコピーをとりましょう。また、気に入ったら購入してください。自分の関心分野における良書を「座右(ざゆう)の書」として手元に置いておくことには、いつでも参照できるというメリットがあります。

学校の図書室、図書館には、もう1つのメリットがあります。それは、紙の新聞が無料で読める点です。家で紙の新聞を定期購読していないのならぜひ利用しましょう。新聞に目を通しておくと、時事問題にくわしくなれます。時事問題は、面接でもよく問われますよ。

選挙権年齢と成人年齢の引き下げを受けた「主権者教育」の一環として、学校の図書室で新聞複数紙の閲覧を可能とする試みが、文部科学省によって2022年からスタートしています。閲覧数の目標は、小学校2紙、中学校3紙、高校5紙です（現状の平均は、小学校1.6紙、中学校2.7紙、高校3.5紙）。これには190億円もの予算がついています。面接で、「この制度を利用して複数の新聞を読む習慣がつきました」と話せるとカッコいいと思います。

また、学校の図書室、図書館だけでなく、書店に行くという習慣も身につけてください。フロアが分野ごとに異なる大型書店に勤める書店員は該博(がいはく)な知識の持ち主であり、本好きであるとともに「本のプロフェッショナル」でもあります。「推薦・総合型に備えて本を探しています。よい本を教えてください」と言ったら、喜んで助言してくれるはずです。

なお、図書館には古めの本も所蔵されていますが、書店で扱われている本は比較的新しいものが中心です。ただし、日本の全市区町村のうち26.2％は書店が1つもないという社会問題も生じています（2022年）。

★公式サイトの利用：「スタディサプリ LIBRARY」

リクルートが運営する受験生用サイトです。ここでは、「5つの扉から未来の『好き』につながる」と題して1,144冊もの本が紹介されていて、サイト内が「27のテーマ」に分類されています。興味がもてそうなテーマからアプローチしましょう。ここでは、「5つの扉」を挙げます。いずれも、高校生・受験生向けとして選ばれています。

❶　自然と人間のサイエンス：「探求せずにはいられない、宇宙と地球と人間の未知に挑む」⇒ 7 テーマ／ 144 冊
❷　社会と情報のテクノロジー：「世界も世間も不確実で不安定、複雑な社会を生き抜く技術を獲得する」⇒ 4 テーマ／ 81 冊
❸　宗教と文明のヒストリー：「歴史には千の教えがある。人類の生きてきた軌跡に大胆に迫る」⇒ 6 テーマ／ 120 冊
❹　言葉と哲学のメソッド：「言葉は思考の道具。何を考え、何を伝えるのか、表現の方法を学ぶ」⇒ 5 テーマ／ 102 冊
❺　遊びと創造のアート：「はじめに遊びあり。デザインもアートも演劇も楽しむことを貫く人たちに出会う」⇒ 5 テーマ／ 114 冊

★ネット検索サービスの利用：Amazon などのネット書店

Amazonをはじめとするネット書店を利用する方法です。関心のある学問分野、たとえば「統計学」というキーワードで検索すると、関連する本のタイトル（書名）とカバー画像がたくさん表示されます。これらの情報だけでも、自分にとって役立ちそうな本であるかどうかが、ある程度まではわかりますよ。

本のなかでとくに高校生におススメなのは、「新書」というジャンルです。大学教員をはじめとする専門家が専門家でない人向けに書いたもので、高校生でも読めます。「岩波新書」「角川新書」「ちくま新書」「中公新書」などのレーベルがあり、なかでも「岩波ジュニア新書」

は、中高生向けに書かれた学問の入門書として強くおススメします。

なお、ネット書店では、著者紹介、目次、内容ダイジェスト、出版社からのコメント、読者レビューなどの情報が確認できます。ただし、読者レビューのなかには批評の水準を満たしていないコメントも多いので要注意です。

★「本の本」の利用：本を紹介している本

「本を紹介している本」である「本の本」は、よい本とのすてきな出合いの場を演出します。いくつか例を挙げましょう。

岩波書店の「ヒューマニティーズ」シリーズは、高校生や大学1年生に向けた各学問のコンパクトな入門書です。社会科学系のラインナップは、「法学」(中山竜一)、「政治学」(苅部直)、「経済学」(諸富徹)、「社会学」(市野川容孝) です。

また、「ちくま新書」からは、著名な学者の執筆による古典的代表的著書を紹介した『社会学の名著30』(竹内洋)、『政治学の名著30』(佐々木毅)、『経済学の名著30』(松原隆一郎) が出ています。これらを読むと、各学問の名著が取り上げている問題がわかります。

★入試問題出典の利用：じつは、そうと気づかずに読んでいた！

私は、予備校での授業で次のように言っています。「大学教員は、読む価値のある文章を素材にして入試問題作成にあたっています。だから、現代文の入試問題として出ている数ページの文章は、何百ページもあるもとの本から抜粋された『イイトコどり』です。みなさんは、授業のたびに良書の凝縮版で読書しているのです」と。

国語の教科書、現代文や小論文の模試や問題集、予備校のテキスト、志望校の過去問、センター試験・共通テストの過去問などに出てきた文章を振り返ってください。

第2節 面接のための準備

本の情報収集法②――「資料読み」という方法

重要度 ★★★★★

★本には多様な読み方がある

「読書」には、朗読、黙読、精読、速読、次々と本を購入しても読まない「積読（つんどく）」など、さまざまな形態があります。本には「消費期限」はありませんので、冷蔵庫に入れなくても腐ったりはしません。好きなときに好きなように読めばよいのです。

気に入った本、さらには「自分の人生・運命を変えた本」を一字一句味わうように精読したり、何度も読み返したりするのはすばらしいことです。一方、ここでは、それとは違う「資料読み」についてガイドします。

資料読みとは、

自分にとって必要・重要そうだと思われる箇所を
見つけるつもりでペラペラめくる読み方

です。資料読みでは、全ページを熟読する必要はありません。極端にいえば、半ページでもOKです。「本は、買ったら・借りたらすべて読み切らなければならない」という強迫観念が「本ぎらい」を増やしている側面があります。良書とのハッピーな出合いの機会を増やすには、「読み切らない勇気と自由」をもつことが必要です。

★装丁・タイトル・サブタイトル・オビのキャッチコピー

以下、「資料読み」として目を通す部分について説明します。

まず、「本の顔」にあたる「装丁（そうてい）」です。装丁とは「本の体裁」を意味し、本体をくるむ「カバー」、カバー下部につく「オビ」、文字が特別にデザインされた「ロゴ（ロゴタイプ）」などを含みます。これらは、本の印象を左右する、きわめて大切な要素です。また、本の書名である「タイトル」や「サブタイトル」も、資料読みの対象となります。

オビには、読者に訴えたい本の特徴やキーワードをまとめた「キャッチコピー」という情報などが入ります。キャッチコピーは編集者によって書かれるのが一般的ですが、著名人による推薦文が載ることもあります。

なお、Amazonなどのネット書店では、以下のような内容ダイジェストを確認することができます。

> 例　人類の経済活動が地球を破壊する「人新世（ひとしんせい）」＝環境危機の時代。気候変動を放置すれば、この社会は野蛮状態に陥るだろう。それを阻止するには資本主義の際限なき利潤追求を止めなければならないが、資本主義を捨てた文明に繁栄などありうるのか。いや、危機の解決策はある。ヒントは、著者が発掘した晩期マルクスの思想の中に眠っていた。世界的に注目を浴びる俊英が、豊かな未来社会への道筋を具体的に描きだす！
>
> 『人新世の「資本論」』（斎藤幸平／集英社新書）

どうでしょうか。内容ダイジェストに目を通せば、たとえ内容を読まなくても、本に関する情報をたくさん得ることができるのです。

★「まえがき」「あとがき」「もくじ」「著者紹介」「解説」も情報源

以下は、自分の進路選択にとってヒントとなり、自分の関心分野の情報を与えてくれる要素です。

「まえがき」は、本が書かれた意図や目的を端的に表す箇所です。ここからは、現在の自分にとって参考になる本かどうかがわかり、文章の難易度も予測できます。一方、「あとがき」は、執筆の苦労話や編集者とのやり取りなどの「楽屋（がくや）ネタ」が多く、「まえがき」よりもくだけた感じで書かれています。著者への親しみを感じやすい箇所です。

「もくじ」は、内容についている「小見出し」（＊後述します）とその掲載ページの情報が載ったリストであり、「まえがき」と同様、巻頭に収録されます。

「著者紹介」は、著者のプロフィールが記される箇所です。ここからは、著者の経歴、現在の肩書、著書の情報などがわかります。

「解説」は、ついていない場合もありますが、第三者による論評（たいていは好意的なコメント）であり、内容理解の参考になります。

以上の箇所は、その本の内容まで読むべきかどうかを判断する材料となります。なお、「まえがき」に目を通しただけでも「読んだ本」として挙げることには問題ありません。

★「もくじ」「小見出し」は「資料読み」の先導役

「資料読み」の方法の1つとして、「もくじ」の情報から判断し、自分にとって必要・重要そうだと思われる箇所だけに目を通す、というやり方があります。

とりあえず、「もくじ」で注目した箇所を半ページだけ読んでみてください。もし、自分が修めたい学問や仕事の魅力が書かれている箇所がある場合や、自分のハートに響いたり「カッコいい」と思えたりしたキーワードやフレーズがある場合には、付箋（ふせん）を貼る、コピーをとるなどの方法で記録を残しておきましょう。しかし、そういう箇所に行き当たらなければ、残念ながら自分とは縁がなかったと考え、その先を読むのはあきらめましょう。

本によっては、「小見出し」がついていることもあります。「小見出し」とは、文章の内容を2、3ページ単位ごとに短い言葉でまとめたものであり、読む際のガイド役を果たします。ここを拾い読みするだけでも本の全容がつかめます。

以上のように、「もくじ」と「小見出し」の情報を利用して、最低でも5冊は読んでみてください。これで肩慣らしできれば、「600ページ・2段組」などという大著にだって臆することなく、いどめる度胸がつきますよ。

★「資料読み」の方法は、大学入学後も使える！

みなさんが晴れて希望の大学・学部に進学してから書く卒業論文では、自身が参考にした本を「参考文献リスト」として載せる必要があります。冊数にして50～100冊程度でしょうか。このようにたくさんの本から情報を得るためには「資料読み」が不可欠です。資料読みを行うからこそ、限られた時間内で膨大な冊数を消化することができるのです。

私自身も、現代文や小論文の模擬試験を1回分作成するために、1週間で十数冊も資料読みを行います。「使えそうな本の使えそうな部分」を、資料読みで特定するのです。もっとも、資料として読み始めた本にのめり込みすぎて、仕事そっちのけで読み切ってしまうこともあるのですが。

★「参考文献リスト」「書籍案内」も情報収集に役立つ

本のなかにも「参考文献リスト」や「書籍案内」がついている場合があり、新しい本との出合いを導いてくれます。

拙著『東大のヤバい現代文』（青春出版社）は、東大入試で出題された評論を一般読者向けに解説した教養入門書です。歴史論、芸術論、デザイン論、環境倫理学、哲学、情報化社会論などのテーマについて、現代日本を代表する学者の文章を解説しています。入試問題は第一級の読書素材にもなりうるという例です。また、各テーマに関連した本も紹介していて、200冊ほどの読書案内となっています。

最後に、文章の読み方そのものの技術について述べます。

文章、とくに説明文（評論・論説）では、文中の「対比構造」に注目します。「主役キーワード」と「敵役キーワード」を対比して読むと、著者が何と何を比べて自分の意見を述べているのかが明確に理解できますよ。

第3節 志望理由書には何を書くか・どう書くか

志望理由書で絶対に落とせない2つのこと

重要度 ★★★★★

★「研究計画」と「将来像」

志望理由書には、過去の「きっかけ」、現時点における学業への取り組みや試験に向けた準備（関心分野の本を読むなど）などに加えて、志望校入学後の学修プランである「研究計画」を記す必要があります。過去の「きっかけ」についてはテーマ04でくわしく取り上げますが、きっかけのない人はいないでしょうから、これは書きやすいはずです。

一方、「研究計画」について説明できる人は多くありません。したがって、

研究計画こそが、志望理由書の評価を上げるポイント

なのです。

もう1つ、志望理由書で必須となる要素は「将来像」です。将来像のうち、「卒業後の進路」についてはテーマ07でくわしく取り上げますから、ここでの「将来像」は、受験生がもつべき「大学在学中にどう成長したいかという具体的なイメージ」だととらえてください。

以下、さまざまな受験生を想定し、網羅的にガイドします。もっとも、ガイドされたすべての事項を志望理由書に盛り込む必要はありませんが、この本で書かれた順序で準備はしてください。

★大学１・２年次の必修科目――外国語

大学1・2年次は「教養課程」といわれる時期であり、ここでの必修科目の柱は外国語です。多くの大学では、英語が「第1外国語」で、「第2外国語」をフランス語、ドイツ語、中国語などから選択します。また、大学によっては、そのほ

かに韓国語、スペイン語、ロシア語なども選択できます。

志望理由書には、自分の関心分野を深く掘り下げるためにどのような意欲をもってそれらの外国語を学びたいのかを記してください。たとえば、「●●分野に関する専門書を外国語で読む」「▲▲分野に関する最新研究成果のレビュー（雑誌への投稿論文）を英語で読む」などです。多くの大学では、外国語指導の教員が、学部・学科の専門で分けずに各言語を担当します。授業も複数の学部・学科合同で行われるのが一般的ですが、志望理由書では、「自分の専門分野に外国語の知識を生かすぞ」という気概をアピールしてください。なお、大学によっては、哲学や歴史学などを専門とする教員がその学科の外国語指導を務める場合もあります。大学の特徴を打ち出すため、あえてそのようなしくみをとっている大学さえあるのです。

いまや、医系と理工系の研究者が成果を発表する手段は、ほとんどが英語です。たとえ論文が母国語で書かれていなくても、英語が理解できれば最新研究にアクセスできます。社会科学系のうち、英語論文を書くのが最も一般的なのは経済学です。経済学以外でも、政治体制・軍事情勢・安全保障体制の国際比較など、英語で読める最新研究成果が大量に存在します。

英語ほどのメジャー言語ではない言語を学ぶ意義についても考えていきましょう。「現代中国政治」に関心があるなら中国語（北京語）、「ドイツのエネルギー政策」に関心があるならドイツ語、「アフリカの発展途上国に対するフランスの支援」ならフランス語を選ぶことになりますね。

私は、第2外国語としてドイツ語を選びました。ドイツの歴史や思想に関心があったからです。卒業論文のテーマには、ドイツ語圏であるオーストリア出身の哲学者カール・ポパーの歴史論を選びました。

さらには、必修科目以外にも選択科目として第3外国語を学ぶことも可能です。私は、学部時代は史学科にいましたが、大学院では哲学を専攻しようと考えていたため、その準備としてラテン語（古代ローマ帝国の公用語）と古代ギリシャ語の授業を履修しました。「神の声」が聞こえてきそうなほど強烈に難しい言語でしたが、ラテン語を学んだことによって多くの欧米語の起源に触れ、このうえない知的興奮を味わえました。

★一般教養科目について

教養課程のもう1つの柱は「一般教養科目」です。この科目は、通常「人文科学」「社会科学」「自然科学」の各分野を横断し、おもに3・4年次から学ぶ専門科目のベースとなります。志望理由書では、「メインの学問分野を補足・強化するために、一般教養科目として●●学を受講したい」などと記しましょう。

なお、史学科（西洋史専攻）に在籍していた私は、一般教養科目として「心理学」「文学」「政治学」「社会思想史」「人類学」「科学史」などを受講しました。履修にあたっては、とくに、それぞれの学問の方法論と各学問の目的、その学問によって何が見えてくるのかを意識しました。メインで学ぶ歴史学の研究方法や特徴を考えるうえで参考になるからです。一般教養科目を主体的に学び専門科目へつないでいくことは、大きな知的成長をもたらします。

ちなみに、経済学部の場合、数学が教養課程の必須科目という大学もあります。

また、近年では、社会科学系でもデータサイエンスが必須、あるいは選択できる大学もあります。

★専門科目について

第1章／第2節／テーマ06で説明したように、パンフレットや公式サイトを利用し、志望校で履修できる専門科目、教員の顔触れと研究内容を確認しましょう。さらには、教員が上梓(じょうし)している著書もチェックしましょう。

これらの情報源のなかから、志望理由書には、受講したい講義名と理由を記しましょう。また、とくに注目している教員、気になるゼミや研究室にも触れてください。

もちろん、実際に受講する授業は入学後に決めるものです。しかし、推薦・総合型であれば、「志望校で何をどう学びたいか」という研究計画が合否の判断材料となりますから、あらかじめ考えておく必要があります。パンフレットや公式サイトを確認し、入学後に受講する授業でどのような知的成長を遂げることができるのかを想像するのはとても楽しいことです。

★受験生に求められる「目」とは何か

ここでは、かつて京都府立大社会福祉学部で出題された小論文を、大学の授業を通じてどのように知的成長を遂げるかのヒントとして取り上げます。それは、「いまあなたが『2つの目』で見なければならないと感じていることは何か。具体例を示しながら600字以内で論じなさい」という課題でした。

この課題は、志望理由書向けにアレンジ可能です。私からみなさんに推奨したい「2つの目」があります。それは、「問題発見のための目」と「問題解決のための目」です。志望学部・学科で学ぶことによってどのような問題を発見できる目をもちたいのか、それをどのように解決できる目をもちたいのかをていねいに説明しましょう。

学問的知識と理論には、「目」としての機能があるということを意識しましょう。

第3節 志望理由書には何を書くか・どう書くか

志望理由書でのアピール順

重要度 ★★★★★

★目をひく流れとストーリーとは

前のテーマ01では、志望理由書に不可欠な項目として「研究計画」と「将来像」の2つを挙げました。ただし、それはあくまで大前提であって、試験官の目をひく力強さという点ではまだ不十分です。各大学が指定する志望理由書の字数は、平均すると約800字、長い場合には約2000字にものぼります。

志望理由書に大きな空白を残すなんてもってのほか

ですから、この2つを「土台」としながら、ここに「上物（うわもの）」をのせて内容を膨らませます。仮に志望校の志望理由書に求められる字数が短くても、以下のように準備しておけば、面接で堂々と話すためのストックになります。

たとえ「上物」が多くても一連のストーリーとしてなり立たせるスタイル・語りの順番があります。それは、

将来像⇒過去⇒現在

という流れです。つまり、「将来こうなりたい」と結論を先に宣言するのです。

大学教員は、受験生が提出した志望理由書を何十枚も読まなければなりません。ですから、書き出しのインパクトが大事です。ツカミでひきつけ、最後まで興味をもって読んでもらえるように工夫しましょう。そのあとから、そのような大志をいだくに至った経験を書けばよいのです。

★書く前に必要な準備

志望理由書は、いきなり書き始めてもよいものはできません。志望理由書に盛り込むべき項目を箇条書きで記した「構成メモ」を、必ず事前につくってください。構成メモは、いうなれば「志望理由書の設計図」です。

先ほど、志望理由書の冒頭に最もインパクトのある「将来像」を書くべきだとお伝えしましたが、「構成メモ」は過去から想起するとスムーズに書けます。メモ用紙としては、縦横75mmの付箋（ふせん）を利用するのがおススメです。書く順番を入れ替えたり、追加・削除したりするのに便利だからです。

以下、志望理由書に記述すべき要素と内容を時間軸ごとに示します。

時　間	要　素	記述すべき内容
過　去	きっかけ	志望する学問に関心をもったきっかけとなる経験
	きっかけの深め	読んだ本とキーフレーズ
現　在	現在の価値観①	問題意識と社会的意義
	現在の価値観②	問題解決のために、自分がこれから学ぶべきこと
	志望校が最適だと考える理由と志望校への貢献	大学やその学部・学科の特徴／魅力的な教員や講義／自己PR
未　来	将来像	卒業後の進路／自分が就いている仕事で10年後に活躍しているイメージ

★「問題意識」と「社会的意義」

上のリストに出てきた「問題意識」と「社会的意義」という要素は、志望理由書をただの独り言からアピール用資料に引き上げるためにとても重要です。

「問題意識」と「社会的意義」は、以下のような内容を含みます（＊くわしくはテーマ05・テーマ06で説明します）。

問題意識	自分の価値観や意見に照らして放置できない社会問題への意識／興味深いと思える社会問題への意識
社会的意義	自分が関心を寄せる問題が解決されることによる社会的意義／自分が関心を寄せる分野において学問的探究が進むことによる社会的意義

以下、社会科学系志望理由書「構成メモ」の例を、先述の要素と対応させて示しました。参考にしてください。なお、各A～Cはそれぞれ内容的につながっています。

きっかけ	●A：史上最年少でノーベル平和賞を受賞したマララ・ユスフザイさんのスピーチをテレビで視聴し、女子教育のための社会変革への使命感に圧倒された。 ●B：インターネット、テレビ、新聞、書籍などから多角的に情報を仕入れてビジネスに生かしている父親の影響で、報道を通じて社会に対する理解を得ようと考える知的習慣をもった。 ●C：インターアクト部の活動で地元商店街の活性化にかかわり、大学生のボランティアチームとも協働した。
きっかけの深め	●A:『政治のキホン100』（吉田文和／岩波ジュニア新書）と『国際協力ってなんだろう』（高橋和志・山形辰史編著／岩波ジュニア新書）を読み、国内外の社会問題に関心をもった。 ●B:10人の現役記者へのインタビュー集である『ジャーナリズムの現場から』（大鹿靖明編著／講談社現代新書）を読み、取材する仕事の広さと深さを知る。 ●C:『ふるさとを元気にする仕事』（山崎亮／ちくまプリマー新書）を読み、官庁任せにしない住民参加による地域再生の取り組みに興味をもった。

現在の価値観①：問題意識と社会的意義	●A：若い世代の投票率が低いという問題がある。若年層から社会への当事者意識を引き出す方法は何か。選挙で「国際支援」が話題にならない理由は何か。 ●B：日本の経済力が低下し、個人所得も停滞する一方、所得格差は拡大している。同時に、自己責任論や他者への不寛容が強まっている。 ●C：地域の保育施設不足と空き家問題・シャッター通りと化した商店街の問題を解決する方法は何か。
現在の価値観②：問題解決のために、自分がこれから学ぶべきこと	●A：現代国際政治と、正義論などの政治哲学を学びたい。 ●B：現代日本経済の光と影について学びたい。また、マス・メディア論も学びたい。 ●C：地元・地域の再生や持続可能な社会に対する過去の取り組み事例を学びたい。
志望校が最適だと考える理由と志望校への貢献	●A：政治哲学系の授業が多く、選挙制度を研究している教員もいる。私の学問への関心と情熱は、貴学にも貢献できる。 ●B：経済学を主専攻として学びつつ、副専攻で社会学やメディア論も学べる。新聞社や放送局など、メディア系に進む卒業生が多い。 ●C：「地域計画実践」「政策デザイン」「地方政府動態論」「NPO 論」など、私の関心に直結する講義が設置されている。
将来像	●A：大学院へ進学し、政治学や国際政治学を学びたい。 ●B：新聞社に就職し、経済部や社会部の記者として活躍したい。 ●C：地元の市職員になりたい。もしくは地域に貢献するNPOを立ち上げたい。

テーマ03 志望理由書に盛り込むべき要素①——志望校が最適だと考える理由

重要度 ★★★★★

★なぜその大学でなければならないのか

一般選抜は日程と受験料が許す限り受け放題ですから、「なぜ本学を受験したのですか」とは問われません。一方、推薦・総合型では合格すれば進学する専願が主であり、第1志望校を受験するのが基本ですから、「本学の志望理由」が必ず問われます。併願できる場合でも同様です。

たとえば、法学や政治学を学べる大学、経済学や経営学を学べる大学は国内にたくさんあります。ですから、志望理由としてそのなかでも「なぜその大学を選んだのか」を書けることが大事なのです。以下、具体例を挙げます。

★看板学部・学科

その大学の「伝統学部・学科だから」、その大学の「創立時から存在する学部だから」など、学びたい領域がその大学の「フラッグシップ（旗艦・中心）」であり、看板学部・学科が存在するケースです。この場合には、「めざす人が全国から集まるほど魅力的である」「そのような環境で学びたい」などと書くことが可能です。

> 例　早稲田大法学部・中央大法学部・明治大法学部・法政大法学部（いずれも法律学校が前身）／慶應義塾大経済学部／早稲田大政治経済学部／小樽商科大・神戸大・大阪公立大（いずれも商学の名門）

また、創立時には存在しなかったものの、途中から特定の学部・学科の知名度が上がったケースもあります。

> 例　慶應義塾大総合政策学部や環境情報学部（「慶應 SFC」）／早稲田大社会科学部／上智大法学部（国際関係法学科が有名）／青山学院大国際政治経済学部／関西学院大総合政策学部／一橋大社会学部やソーシャル・データサイエンス学部

ここまでに挙げた例も、このあと挙げる例も、一例にすぎません。パンフレットなどを通じて、志望校の特徴をリサーチしましょう。

★特徴的な学部

以下のように、大学内で異色の存在感を放つ学部・学科もあります。

> 例　東京理科大経営学部（理系中心の大学における社会科学系）／東京外国語大国際社会学部（外国語大学における社会科学系）／神戸大海洋政策科学部（基本的には理系だが、文系科目での受験も可）

★総合大学・単科大学・女子大学

◆総合大学の魅力

総合大学には、関心がある学問が複数の学部で学べる、理系学部も擁しているなどの魅力があります。あるいは、1つのキャンパス内で多彩な学問への関心をもつ学生と出会えるという魅力や、恵まれた環境からの刺激によって学問への関心をいっそう高めることができるという魅力もあります。実際に、世界のトップ校である英国のオックスフォード大やケンブリッジ大の学寮（カレッジ）では、さまざまな分野の研究者と学生が同居する空間が創出されています。

ただし、総合大学のなかには、学部ごとにキャンパスが分かれているためキャンパス間の交流がほとんどない、というところもあります。

◆単科大学の魅力

一方、1つの学部系統のみで大学が構成されている単科大学には、志を同じくする学生が同じキャンパスにつどうという魅力があります。単科大学には、比較的小規模な学校が多いです。同級生だけでなく先輩や後輩、教員との関係も近く、「同志」という気持ちになりやすいようです。

◆女子大学の魅力

戦前には女子の入学を認めない大学が多数ありましたが、戦後からはすべての大学が女子を受け入れています。そのため、「女子大学の役割はすでに終わった」などといわれることがありますが、それは一面的な見解です。すぐれた女子教育の伝統と実績をもち、かつ今日的な存在意義を発揮している女子大学が多数存在します。

★伝統校と新設校

◆伝統校の魅力

創立が古い伝統校には、厳(おごそ)かでアカデミックな雰囲気があります。歴史が長いぶんだけ社会的評価も高く、すぐれた教員も意欲ある学生もたくさんいます。また、キャンパス内に存在する近代遺産級の建物が学びの意欲を駆り立てるという場合もあるようです。多くの卒業生を輩出していますから、志望理由書には、「自分が進みたい分野で活躍する人材がたくさんいる」という点が盛り込めそうです。

なお、私が指導した生徒の家庭には、祖父の代から3代続けて同じ大学に進学しているというところもあります。こういう場合には、家族がその大学のよさを知り尽くしているため、安心して進学できますね。

◆新設校の魅力

一方で、新設校、あるいは新設学部には、社会の新しい課題を解決するという目的で創立されたところがあります。こういう大学の志望理由書では、「自分たちが伝統をつくるのだ」という気概を熱く語りましょう。

★全国型大学と地元密着型大学

◆全国型大学の魅力

全国型大学には、日本各地から学生が集まるという魅力があります。高校までと異なり、大学には学区や地域の枠を超えて多彩な学生がつどいます。また、留学生もいます。大学に入ると、これほど多様な人がいるのかと驚くはずです。

また、教員の外国人割合が高い大学や、留学のしくみが整っている国際型大学にも魅力があります。このような大学には、多文化という環境で関心分野の学問を修められるという意義があります。

ただし、大学のなかには定員割れを避けるため、おもにアジア圏の留学生を、ブローカー（仲介業者）経由で集めているところもあります。彼らは、学びではなくアルバイトなどで稼ぐために日本に来ているケースが多く、入学するとすぐに大学に来なくなってしまいます。このような大学は、国際型大学ではなく「問題大学」です。

◆地元密着型大学の魅力

「地域学部」「地域政策学部」「地域科学部」「地域経営学部」「地域創造学部」など、それぞれの地域の「問題発見」「問題解決」に取り組む学部を有する地元密着型大学もあります。もちろん、「地元の課題と可能性を客観的に冷静にとらえるため、あえて地元を離れ、他地域で学びたいと考えた」という志望理由もありえます。

志望理由書に盛り込むべき要素②——きっかけとなった過去の体験

重要度★★★★★

★自分の過去を時系列に掘り起こす

ここで取り上げるのは、志望のきっかけを思い出す方法です。時系列に沿って回想しメモとして書き出したあと、最も強くアピールできそうな体験をピックアップしてください。以下、具体的に記憶をたどっていきましょう。

◆小学校入学以前

アルバムをめくってみましょう。どこでどのような記念写真を撮っていますか。そこに、眠っているヒントがあるかもしれません。自分で思い出すだけでなく、保護者や兄姉にも聞いてみましょう。家族からの影響がきっかけかもしれません。「父が会計士だから」「母が銀行員だから」「兄が司法試験合格をめざしているから」「姉が起業したから」など、たくさん思い出せるはずです。

あるいは、習い事にきっかけがあるかもしれません。水泳、習字、ピアノ、ダンス……それら自体がきっかけとなるだけでなく、そこでの出合い、そこでの失敗体験・成功体験などが、現在あなたがもっている学問への関心につながっているかもしれませんよ。

◆小学校入学以後（学校）

学校での授業は、きっかけの宝庫です。小学校・中学校・高校で受けた授業を振り返ってみましょう。「政治・経済の授業で扱われた立憲主義という考え方に興味をもった」「数学の先生が経済学部の出身で、経済学ではなぜ数学が重要なのかを語ってくれた」「情報の授業で社会統計の分析法に触れた」など、たくさんあるはずです。

学校での体験には、授業以外に部活動もあります。社会科学系の志望理由にからむ体験は、たとえば「新聞部で取材やインタビューを実践した」「運動部でマネージャーを務めたことから、組織管理に関心をもった」などでしょうか。

学校での人間関係や、社会科見学、職場体験、外部の講師による講演などもきっかけになりえます。私の経験ですと、高1のときに旺文社「螢雪時代」の編集者が講演に来て、大学受験の心得を話していた記憶が鮮明に残っています。その講演を聴いて、「東京の有名大学に行ってやる！」という意欲に火がつきましたよ。

★自分の過去を場面ごとに掘り起こす

◆塾や予備校

私自身、予備校講師としてさまざまな学問分野の存在とその意義について話す機会があり、そこから知的な刺激を受け取ってくれる生徒もいて、「小論文の講師が哲学科出身で、法学部や政治経済学部でも法哲学や社会哲学が学べると教えてもらった」などの感想が寄せられています。また、他科目担当の講師には「英語の講師から経済学における英語の重要性を学んだ」「世界史の講師から現在の国際政治を見るための視点が学べた」などの感想がきています。

◆海外経験

短期の語学留学・語学研修、あるいはホームステイなども、れっきとした海外経験・異文化体験です。また、ホストファミリーとして外国人学生を受け入れたことがきっかけで、いまでもメールのやり取りなどの交流が続いている、という人もいるでしょう。さらには、親の仕事の都合で海外の学校に通っていた経験があれば、書くべきことはたくさんあるはずです。

海外旅行も海外経験の一種です。渡航した国の社会、歴史、政治、経済、法律などは、いずれも学問と深く結びつきます。

私が指導していた生徒には、小学校高学年のときに1人だけで英国で過ごし、さらに中学3年間をドイツで過ごしたという人がいます。その生徒は比較文化の視点を獲得していて、私自身がたくさんの刺激を受けました。

◆街なかでの体験

日常の通学路での体験、あるいは駅やショッピングモール、スーパーマーケットやデパートに行ったことなど、街なかでの体験のなかにも学問への関心に通じるきっかけがあります。たとえば、「スーパーマーケットで売られているタコの多くがモーリタニア産」「チョコレートに『フェアトレード』のラベルがついている」「米国アップル社のiPhoneの内部には、made in USAの部品がほとんどない」「英国デザインのシャツの多くはマレーシア製」など。あるいは、日本文化について自分が驚くほど何も知らないことに気づいたという「逆カルチャーショック」などもありえますね。

◆メディアを通じた間接的な体験

インターネット、テレビ、ラジオ、新聞、雑誌、書籍など、メディアを通じた間接的な体験も、志望のきっかけになりえます。テレビ番組には、ニュースや報道特集から、バラエティー番組、教養番組、ドキュメンタリー番組、ドラマまで、さまざまなジャンルがあります。CMからの影響もありそうですね。

★志望理由書に記された実例の紹介

以下は、実際に受験生が書いた例です。「志望理由書にはそう書けばよいのか」「そういう事例なら自分にもあるな」などの発見があるはずです。

法学部	●政治・経済の授業で紹介された『キヨミズ准教授の法学入門』（木村草太／星海社新書）という本を読んだことが、日本国憲法を熟読するきっかけとなった。 ●倫理の授業で『死刑と正義』（森炎／講談社現代新書）という課題図書を読んで冤罪（えんざい）事件について知ったことが、裁判官をめざすきっかけとなった。
政治学科	世界史の授業で当時最も先進的だったドイツのワイマール憲法下からナチ党が生まれたことを知り、民主主義のしくみや課題に関心をもった。
社会学部	●男女格差の指標であるジェンダー・ギャップ指数において、日本が先進国中著しく低順位だと知り…… ●貴学のオープンキャンパスで、社会学が非常に広範囲にわたり、フィールドワークなどによって生きた社会と人間とのかかわりを多角的に考察する学問であると伺い……
総合政策学部	高校のインターアクト部で、海岸に漂着したごみの回収・分類・調査を行ったことがきっかけで……
経営学部	高校の先生から紹介してもらった書籍から、真のイノベーションとは単なる技術革新ではないと知り、斬新な発想をうながす経営に関心をもった。
商学部	高校普通科の会計コースで「会社の診断書」と呼ばれる会計資料の読み方を知り、会計に興味をもった。

第3節 志望理由書には何を書くか・どう書くか

志望理由書に盛り込むべき要素③——問題意識

重要度 ★★★★★

★「問題意識」は2つある

テーマ02で触れた「問題意識」と「社会的意義」のうち、ここでは「問題意識」をさらにくわしく説明します。

先述のとおり、「問題意識」には2種類あります。

1つ目は、「自分の価値観や意見に照らして放置できない社会問題への意識」です。ここでの「社会問題」は、

解決が求められる、困ったプロブレム

を意味します。

2つ目は、「興味深いと思える社会問題への意識」です。ここでの「社会問題」は、

注目すべきイシュー・トピック・テーマ

を意味します。同じ「社会問題」でも、意味するところはそれぞれ異なるのです。

志望理由書は、単なる独り言の表明や日記ではなく、他者（大学教員）に届けるべきパブリックな文書です。したがって前述したように、志望理由書ではなんらかの「社会問題」に触れるとそれにふさわしいものになります。

★「問題意識」の実例

「問題意識」の対象を考えることは、自分の志望理由を「社会問題」と結びつける作業です。受験勉強がみなさんを知的に成長させるのと同様、志望理由書の準備も知性を涵養することに寄与します。

以下、私の生徒が書いた「問題意識」の実例を挙げます。このような内容が盛り込めれば、志望理由書のレベルがぐっと上がりますよ。

法学部	地球環境の変化による気候変動と人間の住環境の変化が、土砂災害、水害などを引き起こしている。このような問題に、法律を中心に据えつつ経済や行政の視点を総合して取り組むことが私の主要関心である。
政治経済学部	「反知性主義」「歴史修正主義」の台頭は、現代の国際関係をかく乱し、国内の分断をもたらすという点で深刻な問題である。これらは、現在の自分たちにとって都合の悪い歴史的事実や、自分たちが認めたくない歴史的事実を無視したり改変したりしようとする考え方である。
政治学科・政策系学部	●日本はかつて風力、太陽光、地熱などの再生可能エネルギー分野で世界をリードしていたが、いまや各国に周回遅れとなっている。そのような日本の現状を変えるため、エネルギー政策について考えたい。 ●インターネット上では、他者への誹謗中傷（ひぼうちゅうしょう）や、賛否の分かれるテーマに対する偏見がすっかり一般化してしまった。こうした問題に対して、社会の本質的多様性や、他者の意見に耳を傾けて議論を深めることの重要性を語り、実践的に取り組める高校の公民科教員になりたい。 ●私は、世界的な貧困問題と格差問題、生態系や人類未来世代の生存可能性まで考える応用倫理学、現代の政治哲学で扱う正義論やフェアネスに関心がある。これらの実現を、法制・政策レベルで考えたい。

総合政策学部	私は、「留学不安」と呼ばれる問題に注目している。これは、外国で学びたい意欲がありながら、言語の不安・異文化での生活の不安などのため留学を断念したり、期待したほどの成果が留学から引き出せなかったりするという問題である。
社会学部	●現在の日本の子どもたちがかかえる問題として、自己肯定感の低さが挙げられる。また、失敗を恐れ、挑戦を避ける傾向もある。こうしたメンタリティが、日本社会においてどのように形成されてしまうのかを分析したい。 ●衆議院議員総選挙の投票率については、直近の3回（2014年・2017年・2021年）が戦後ワースト3の低さにとどまっている。社会への不満や不安感が高いのに有権者による投票に結びつかないという問題に、社会心理学の視点から取り組みたい。
経済学部	「甘いチョコレートの裏側に潜む真実」と題された新聞記事を読み、チョコレートを見たことがないアフリカの子どもたちがカカオ農園で搾取（さくしゅ）されているという問題を知った。そこから、児童労働の問題やフェアトレードの可能性について調べるようになった。
国際政治経済学部	グローバル化の一方で、ナショナリズム（国家主義）やエスノセントリズム（自民族中心主義）が力をもちつつある。これらの動きについて、メディア経由の情報をただ受け取るだけでなく、自身の視点をもてるよう、貴学で学びたい。
経営学部	日本人の平均賃金がおよそ30年にわたって横ばいであり、先進国中下位に沈んでいる状況を踏まえ、日本的な人事制度である「新卒一括採用」「年功序列型賃金制」「終身雇用制」がどのような点で問題なのかを考えていきたい。

商学部	●日本の1人あたりGDP（国内総生産）が先進国の下位レベルであることや、企業の株式時価総額で世界のベスト50に入る会社が1989年には32社あったのに、2023年には1社しかないという現状は何からもたらされているのかを、貴学で追究したい。 ●景気が低迷すると自殺率が高まることから、日本人の働き方には問題があると考えている。人材を使い捨てにせず育てていくというマネジメントや企業の社会的責任について考えたい。

★「問題意識」のベースは学問への関心

ここまで読んでみて、どうでしたか。学校の授業やメディアなどを通じてすでに知っていた社会問題もあるかもしれません。一方では、知らなかった問題や、自分ではとても発見できそうにないと思えた問題が出てきたかもしれません。あるいは、自分に「問題意識」が全然ないことに気づいた人がいるかもしれませんね。

「問題意識」の前提は、各自がもつ学問への関心です。志望理由書では、現時点における「問題意識」を述べるだけでなく、今後「社会問題」にどう向き合っていきたいかという点にまで触れられるとよいですね。

高校生・大学受験生がもつ学問への関心は多種多様であり、「問題意識」も1人ひとりまったく異なります。ただし、もし現時点で「問題意識」がないとしても、手遅れではありません。本、新聞、大学の公式サイトなどの情報から「問題意識」の対象を見つけていってください。

志望理由書に盛り込むべき要素④ ――「社会的意義」と「問題解決」

重要度 ★★★★★

★「社会的意義」「問題解決」は「問題意識」の発展形

ここで扱う「社会的意義」「問題解決」は、テーマ05で扱った「問題意識」よりも高度な考え方です。

テーマ02で触れたとおり、「社会的意義」には2種類あります。

1つ目は、「自分が関心を寄せる問題が解決されることによる社会的意義」です。ここでの「社会的意義」は、

困ったプロブレムが解決することによる社会的メリット

を意味します。

2つ目は、「自分が関心を寄せる分野において学問的探究が進むことによる社会的意義」です。ここでの「社会的意義」は、

注目すべきイシュー・トピック・テーマが進展することによる社会的メリットや学問上のメリット

を意味します。志望理由書では、「問題意識」だけでなく、これらの「社会的意義」にまで踏み込むチャレンジをしてください。「困ったプロブレム」「注目すべきイシュー・トピック・テーマ」が解決・進展することによるメリットがしっかり述べられれば、学問や志望校への貢献がアピールできます。

また、「問題解決」では、

自分が発見した問題に志望校入学後から取り組む方法

を説明します。

テーマ01で取り上げた「研究計画」は「志望校入学後の学修プラン」ですが、「問題解決」にまで言及できれば、研究計画での「なぜその授業・その教員・その志望校でなければならないのか」について、形式的ではない、本質的な説明ができます。

★「問題解決」の実例

以下、私の生徒が書いた「問題解決」の実例を挙げます。書き方のヒント、および書く材料として役立ててください。

法学部	●中央官庁では、財務省・厚生労働省・総務省による公文書および統計の改ざんなどの不正が次々と明らかになっている。日本の公的社会統計の信頼を損ねる重大な問題である。こうした不正が、米国のような国立公文書館の設置、厳格な法制の実施などによって防止可能かどうかを貴学でじっくり考えたい。 ●環境問題対策としてSDGsが注目されているが、むしろ環境問題対策に取り組んでいるポーズとして利用される「グリーンウォッシュ（見せかけの環境対策）」ではないかという批判も起きている。私は、有効な環境法制を取り上げる授業として、●●教授の「環境法」と▲▲教授の「環境政策」に注目している。
政治学科	米国で起きた「トランプ現象」に見られるように、「民主主義の堕落（だらく）形態」といわれるポピュリズムが世界中で台頭している。また、大衆の熱狂と社会の分断がITネットワークによって加速されている。こうした問題の原因を多角的に解明し、改善策を提示する授業として、私は、●●教授の「現代政治論」と▲▲教授の「米国政治」に注目している。

総合政策学部・政策学部	●グローバル化の影響により、子どもに早期英語教育を施そうとする親が増えたため、英語教育の若年化傾向が見られる。しかし、費用が高額であるため、家庭ごとの収入差による英語力格差の発生という問題が起きる。私は、早期英語教育用プログラムとして、ICT 利用による低コストないし無償の提供方法を模索したい。貴学で英米児童文学と言語学習理論を学び、本質的で効果的な早期英語教育用プログラムの開発につなげたい。 ●裁判員制度は、一般市民の社会に対する当事者意識を引き出し醸成するという点から重要である。しかし、近年では辞退率が 7 割近くにまでのぼっているという問題がある。メディアからのはたらきかけや社会科教育の改善など、具体的な対策を考えたい。その点から、私は●●教授の「マスコミ論」と▲▲教授の「教育社会学」に注目している。
地域政策学部・地域学部	●「商店街の再生」「まちづくり」「地域の再生」がさけばれて久しいが、大量の補助金・税金が投入されながら、多くの試みが失敗している。私は、この問題の存在を『まちづくり幻想』（木下斉／ SB 新書）という本から知った。貴学の●●教授による指導のもとで地域再生計画の成功例・失敗例を研究し、将来は市職員として地域に貢献したい。 ●高齢化にともない、地域の持続可能性や健康寿命への不安という問題が発生している。私は、貴学がかかげる「ライフデザイン」という視点にもとづいた理論的講義と実習・演習を通じて、人びとの健康を支援するための総合的な知識を身につけたい。将来は中学もしくは高校の保健体育教員として生徒にスポーツのすばらしさを教えるとともに、学校を起点とした地域住民のコミュニティづくりと健康づくりにも寄与したい。

国際学部	発展途上国で起きている貧困の背景には、コミュニティの不在と不全がある。そこで、外国政府主導による発展途上国支援の問題点を具体的に指摘し、現地調査を重ねながら地域コミュニティ再生の重要性を説く●●教授の担当ゼミ「コミュニティ形成学」に注目している。私も、このゼミに参加し、「フィールドスタディ」を通じて調査スキルを獲得して貧困解決の道を探りたい。
経済学部	発展途上国への教育支援について、現状の問題把握と改善策を模索したい。そのため、貴学で開講されている「開発経済学」「国際 NGO 論」の授業に注目している。
経営学部	日本における男女格差とジェンダー・ギャップ改善の不徹底が、経済の停滞・企業の国際競争力低下と結びついている。これらを改善することが企業に与えるメリットを明らかにしたい。そのため、企業の社会的責任や ESG を取り上げている貴学の授業に注目している。

前提知識はこれだ

ESG とは、企業の長期的成長に欠かせない環境・社会・統治（Environmental Social Governance）の略語で、これに注目した株式投資もある。類似概念として、社会的責任に取り組む企業への株式投資である SRI（Socially Responsible Investment）もある。

志望理由書に盛り込むべき要素⑤——卒業後の進路

重要度 ★★★★★

★「何になりたいか」だけではなく「どうなりたいか」まで示そう

テーマ01で扱った「将来像」は、「大学在学中にどう成長したいかという具体的なイメージ」でした。一方、ここで扱う「将来像」は、もっぱら「卒業後の進路」です。大きくは、「就職・起業・独立」「進学」「留学・海外就職」に分かれます。

志望理由書にこれらの要素を記す場合の注意点があります。それは、「卒業後の進路」としては、単に就きたい職業名だけでなくプロとしてあるべき理想像まで、すなわち、「何になりたいか」だけではなく「どうなりたいか」まで示す必要がある、という点です。たとえば、ただ「会計学科で会計士をめざしたい」「法学部で弁護士をめざしたい」などと書くのではなく、「会計士としてどのような役割を果たしたいか」「就職後もどのように成長していきたいか」まで記しましょう。

「卒業後の進路」としては、5年後、10年後の展望まで描いてみましょう。就職して5年、10年もたてば、もう職場の新人ではなく、後輩をリードする立場に就いています。人によっては、ある程度大きなプロジェクトの参加者や責任者にもなっているはずです。ですから、志望理由書には、たとえば「10年後にはプロジェクトリーダーを務めていたい。そのために、絶えずスキルアップを図りたい」などと記すことができます。また、テーマ06の実例で紹介したように、「●●の仕事に就いて、◆◆の問題を■■の方法で解決したい」などとまとめることも可能です。

★卒業後の進路①：就職・起業・独立

就きたい職業が決まっていない「進路未定」の人はたくさんいそうですね。でも、心配ご無用。高校生にとっては、働いている自己像がイメージできないのは当然だからです。

その点は、試験官もわかっています。テーマ01で述べたとおり、志望理由書は総合的な内容をもった文書ですから、各項目を均等のボリュームで書く必要はありません。「きっかけの深め」「研究計画」などを詳細に述べてもよいのです。「卒業後は学部・学科で学んだことを生かせる職業に就きたい」と済ませても減点とはなりません。

ただし、その場合には、面接で「学部・学科で学んだことを生かせる職業としてはどのようなものを考えていますか」という質問を受ける可能性がありますから、職業の候補は考えておきましょう。その際に参考となる情報は、各大学のパンフレットや公式サイトにある学部別の就職状況です。

★卒業後の進路②：進学

ここからは、大学院への進学について考えていきます。

大学院生は、全員が大学教員などの研究者をめざしているわけではありません。たとえば、法曹（裁判官・弁護士・検察官）のように、法科大学院（修士課程）で学ぶことが原則化されている職種があるのです。

また、博士課程まで行って本格的に研究者をめざすわけではないけれども、学部で修めた内容をもう少し掘り下げたい、という理由で修士課程に進む人もたくさんいます。その後、一般企業に就職することも珍しくありません。なお、予備校の講師には免許も資格も不要ですが、修士課程修了程度の学歴をもっている人が多いです。

もちろん、研究者になりたいという明確な将来像があるならば、志望理由書には「博士課程までを視野に入れている」と記しましょう。

★卒業後の進路③：留学・海外就職

留学については、「日本の大学か大学院に在籍しながら、提携先である海外の大学に行くケース」「日本の大学を卒業してから、海外の大学か大学院に行くケース」があります。

また、「企業・官庁・大学に就職してから、職場の制度を使って海外の大学に行くケース」もあります。私の義理の父は、日本の大学と大学院で冶金学（やきんがく）を修め、鉄鋼関連の企業に就職してから米国のペンシルベニア大に留学して、学位を得ました。同校は、金属工学分野の研究で世界一の大学です。なお、社会科学系の場合には、企業から支援を受けつつ海外の大学院でMBA（経営学修士）を取得するという道もあります。

留学希望者は、以上のようなケースを想定しつつ、なぜ・どこに留学したいのかを可能な限り詳細に記しましょう。その場合には、大学での学びと留学先を結びつけてください。たとえば、「社会学を学びたいから、世界で最初に設立された社会学部をもつシカゴ大学に留学したい」などと書きましょう。

なお、留学の意志がないならば、わざわざ書く必要はありません。書かないからといって不合格になることはないからです。

★「卒業後の進路」の具体例

以下、「卒業後の進路」に触れている志望理由書の実例を紹介します。

就職	●法科大学院に進み司法試験を受けて合格し、冤罪事件を解決できる裁判官になりたい。 ●日本への移民・難民や外国人労働者に対する人権侵害に対処し、弁護士として日本の国際的信頼を高めたい。 ●知的財産関連法にくわしい弁護士として、会社の起業に貢献したい。 ●地方公務員として、少子高齢化、人口流出など、地域がかかえる問題の解決に取り組みたい。 ●地元企業の全国展開やグローバル展開を支援する県庁の産業促進課の担当者として活躍したい。 ●教育学部ではなく政治経済学部卒の専門性を生かした高校の公民科教員として、生徒から社会への関心を引き出したい。 ●広告論やマーケティング理論を学び、企業の広報部やマーケティング部などで活躍したい。
起業・独立	●大学で学んだ防災教育プログラムの学校導入を図るために起業したい。または、NPO 法人を設立したい。 ●実務経験を積んでから、企業経営のデジタルトランスフォーメーションに取り組んで、女性の雇用・昇進に貢献するコンサルタントとして独立したい。
留学・海外就職	●米国のロースクールで学び、卒業後は、世界じゅうから日本へ来るさまざまな人どうしの交流をうながし、また利害の対立を解決できる国際弁護士として働きたい。 ●UNWTO（世界観光機関）の職員となって、ツーリズムを通じた各地の「問題発見」「問題解決」に寄与したい。 ●外資系のグローバル IT 企業に就職し、外国語コミュニケーション能力とアイディア発想力を試したい。

第4節 志望理由書の事例

テーマ08 法学系の志望理由書

重要度★★★★★

★合格者が記した志望理由書から「受かる書き方」を逆算しよう

ここでは、左ページに実際の合格者が書いた文面と「全体を通じたコメント」、右ページに「文面へのコメント」と「コシバからのアドバイス」をそれぞれ掲載しています。

＊右ページの◎は文句なしで合格レベルの記述、○は許容される記述、△は採点者によっては評価が低くなる可能性のある記述を表します。

本学の志望理由を600字程度にまとめて書きなさい。

❶将来は、市民の権利を守る志の高い裁判官となるため、貴学の法学部を志望する。

❷私が法学に関心をもったきっかけは、高2での倫理の授業で夏期課題として指定された森炎著『死刑と正義』を読んだことである。❸刑罰にかかわる倫理観を考えるという目的で読み始めたが、途中から、法律そのもの、とくに刑法と裁判官の内面に興味をいだいた。❹さらに、予備校講師から薦められた伊藤真著『中高生のための憲法教室』を読んで、憲法の意義を知るとともに、日常の行為を権利と義務、自由と責任という視点から考えるようになった。

❺貴学で法学を修めたい理由は、司法試験合格者を数多く輩出し、法律の理論と実践を学ぶ環境として理想的だという点にある。また、全国から意欲の高い学生が集まる点も魅力的である。私も、貴学という学びの場に貢献したい。

→p.72に続く

文面へのコメント

➡❶：○　「将来像」が明確に示されている、印象的な書き出しです。

➡❷：○　読んだ本を「きっかけ」「きっかけの深め」として挙げられている点がグッド。もし指定字数に余裕があるならば、出版社名も入れましょう。

➡❸：◎　本を読んだ目的とその感想が書かれていてグッド。

➡❹：◎　読んだ本の情報を追加するとともに、そこから得られた知識、およびその後の知的成長まで指摘できておりグッド。

➡❺：○　ほかでもない、「なぜこの大学でなければならないのか」という理由が書かれていてグッド。また、学ぶ意欲のアピールもグッド。

コシバからのアドバイス

第1段落1行目に「将来像」をバーンともってくるという、私がおススメする書き出しとなっています。

もし、この事例の第2段落に書かれている「きっかけ」や「きっかけの深め」が指定字数の関係で収まらない場合には、面接で話しましょう。面接の質疑応答は、提出された志望理由書にもとづいて行われるからです。

前提知識はこれだ

- 死刑制度に関する世論調査（内閣府実施・2020年）：約8割が「死刑もやむをえない」と回答。OECDで死刑制度があるのは、日米韓のみ。
- 日本の死刑執行件数（2015～23年）：3人／3人／4人／15人／3人／0人／3人／1人／0人
- 他国の死刑執行件数：1,000人超（中国・2022年）／360人（イラン・2022年）／156人（サウジアラビア・2022年）／18人（米国・2022年）／30人（北朝鮮・2011年）

→p.70から続く

⑥私は、法学の専門分野を学ぶうえではほかの学問分野と関連づけて学ぶことが重要だと考える。したがって、倫理的視点・経済的視点・政治的視点と、これらの視点に付随する教養を身につけたい。⑦そのために、教養科目や副専攻科目が充実している貴学の環境を十分に生かしたい。

⑧また、貴学は外国語教育にも力を入れているため、国際法や法哲学の中心地である英語圏の文献を読めるよう積極的に取り組んでいきたい。⑨そのために、法科大学院進学志望者が多い●●教授のゼミに入り、刑法を専門的に学びたい。

〔576字〕

全体を通じたコメント

志望理由書は、大学への「お手紙」「ラブレター」ともいえ、「です・ます」調で書くこともできます。一方、小論文と同様に「である」調で書くことも認められています。つまり、どちらでもOKです。ただし、今回の志望理由書のように「である」調のほうが、文末表現が簡潔になり、そのぶんだけ多くの内容を盛り込むことができるというメリットがあります。

1文を長く書かず、短文に切って適切な接続語でつないでいるという文章スタイルもグッド。簡明で論理的な文章に仕上がっています。

志望理由書がまとまった段階で、文章を音読してみましょう。スムーズで読みやすい文章になっているかどうかの点検に最適です。

文面へのコメント

➡❻：○　学問への取り組み方に関する考えが述べられていてグッド。ただし、法律を学ぶうえでなぜ多角的視点が必要なのかまで書ければ、なおよかったといえます。なお、この話題は面接で話してもかまいません。

➡❼：○　志望校の特徴が指摘できていてグッド。

➡❽：◎　❼とは違う角度から志望校の特徴を指摘するとともに、❻で述べた内容をさらに深めていてベリーグッド。

➡❾：△　悪くはない締めくくりですが、この教員のゼミを選ぶ理由をもう少しくわしく述べてほしいところです。

コシバからのアドバイス

法学に関心をもち始めたプロセスが過不足なく書かれており、合格水準に達しています（実際に、この受験生は難関大の法学部に合格しました）。さらに、専門科目の授業や担当教員、およびその授業と担当教員に注目している理由までくわしく書いていれば申し分ありません。

前提知識はこれだ

- 法律には、「公法」と「私法」という分類がある。公法は、国家と個人との関係のあり方を規定する法律の総称。一方、私法は、私的利益を規定する法律の総称。民間企業は、法律の教養として私法を重視。
- 「大陸法」と「英米法」という分類もある。大陸法は、議会で制定された内容に基礎を置く法律。一方、英米法は、立法行為によらず社会内部の慣習に基礎を置く法律。たとえば、新しい発明に対しては、まず法で規制するのが大陸法の発想。一方、まず自由にさせ、問題が生じた場合にそのつど対処するのが英米法の発想。
- 「憲法」「民法」「商法」「刑法」「民事訴訟法」「刑事訴訟法」を「六法（ろっぽう）」という。

第4節 志望理由書の事例

政治学系・政策系の志望理由書

重要度 ★★★★★

★合格者が記した志望理由書から「受かる書き方」を逆算しよう

以下は、政策系で学び地方公務員として活躍したいと考えている受験生による事例です。指定字数は1000字程度と、かなり多めです。

本学の志望理由を1000字程度にまとめて書きなさい。

❶私の将来の夢は、地方公務員として地元の市役所に勤務し、地域の問題解決に貢献することである。その具体的なスキルと教養を身につけるために、貴学の政策学部で学びたいと考えている。

❷そのような志望をもったきっかけは、テレビで見た報道である。それは、地元企業と行政が協力して空き家をシェアハウスに改修し、廃校となった校舎をレストラン、ショップ、工房（ワークショップ）などにリノベーションする、という内容であった。

❸その後、関連書籍を読み、こうした試みが地域の活性化・関連産業の育成・人口の循環・税収増加という好循環につながると知って、地方公務員に可能性を感じた。❹さらに、『コミュニティデザインの時代』（山崎亮／中公新書）に加えて、『まちづくり幻想　地域再生はなぜこれほど失敗するのか』（木下斉／SB新書）を読んだ。木下氏の本は、地域活性化の施策は失敗に終わりがちであるという視点から、予算金額に比して成功しているとはいえない事例を数多く紹介しており、目を開かれた。❺また、岩手県紫波（しわ）町が取り組んだ公と民の連携による「オガール・プロジェクト」という成功例を知り、自分でも資料を収集してさらにくわしく調べた。

→p.76に続く

文面へのコメント

➡❶：○ 「将来像」からのスタート、OKです。また、それと結びついた学びの宣言もグッド。

➡❷：○ 学問への関心や職業への関心のきっかけとして挙げたテレビ報道の具体例がグッド。また、そこから学部・学科選定の理由にうまくつながっている点もグッド。

なお、「リノベーション」は「大規模な改修」「新たに付加価値を生むための改修」を意味します。一方、「リフォーム」は「比較的小規模な改修」「老朽化した空間を復元する工事」を意味します。つまり、「リノベーション」は、「復元」でも「取り壊して再建する」ことでもないのです。ちなみに、❼の「イノベーション」は後述するように、一般には「技術革新」という意味であり、「リノベーション」とは別の概念です。

➡❸：◎ 「きっかけの深め」が言葉を尽くして説明できていて、ベリーグッド。

➡❹：○ 読んだ本の情報を追加している点、関心分野について記述を積み重ねている点がグッド。本のタイトルにある「コミュニティ」は「具体的な人と人とのつながり」を意味し、「地域共同体」とも訳されます。かつて、コミュニティは「村落共同体」「ムラ」でした。ここには、「つながり」というよりも「しがらみ」のイメージがあります。

➡❺：○ 注目した具体例を挙げるとともに、みずから資料を集めたこともアピールできておりグッド。

コシバからのアドバイス

複数の関連書籍を読んだという事実だけでなく、知識を吸収しようと試みる貪欲(どんよく)な姿勢まで示されている、とても有益な事例です。

→p.74から続く

⑥貴学の科目ではとくに、●●教授が担当する「近現代日本社会における傾向と課題」という講義に関心がある。地域への具体的な貢献を果たしたいという思いを実現するため、日本社会の課題について多角的視点から理解を深めたいからだ。外国籍をもつ●●教授が、日本社会と地域の課題についてどのような視点をおもちなのかをぜひ知りたい。⑦さらには、「地域でのイノベーション」をテーマとし、「企業・行政・市民による協働で新たな考え方や技術を取り入れて社会にインパクトのある変革を模索する」という▲▲教授の講義にも注目している。

⑧そうした貴学での学びを通じ、私は、公務員として働くための「2つの目」を獲得したいと考えている。それは、「他者・社会からの目」と「私のポリシーや理念の目」である。市民の声や専門家の声に耳を傾けつつ、みずからの理念、オリジナリティや発想力がもてることを絶えず心がけたい。

⑨以上のような志をいだきながら貴学で学びたい。こうした私の姿勢は、貴学という学びの場に貢献できると自負している。

〔930字〕

全体を通じたコメント

冒頭の「将来像」に「問題解決」への貢献に関する内容が含まれていて、非常に力強い書き出しになっています。

その後、「きっかけ」「きっかけの深め」を踏まえ、志望校における講義が魅力的に紹介されていて、志望校の特徴が表れています。

文面へのコメント

➡❻：◎　注目している教員と授業の情報が、志望理由とうまく結びついています。外国籍をもつ専門家の目に、日本社会、さらにはそれぞれの地域がどう映るのかというテーマは、とても興味深いものですね。

➡❼：◎　❻に続き、授業について、どの点にどのように注目しているのかが明示されていてグッド。

「イノベーション」は「技術革新」などと訳して済まされがちですが、理工系技術の進歩や発明だけを意味するわけではありません。オーストリアの著名な理論経済学者であるシュンペーターによれば、イノベーションは「価値の創造」を目的とするものであり、技術革新はその手段にすぎません。また、ハーバード・ビジネス・スクール（経営大学院）の教授として有名なクリステンセンによれば、イノベーションは「意外なものどうしの組み合わせ」によって生まれるものです。このように、「イノベーション」は多様な意味をもちます。

➡❽：◎　第3節／テーマ01で触れた「2つの目」の記述が応用できておりグッド。

➡❾：◎　志望校への貢献をアピールする締めくくりでありグッド。

コシバからのアドバイス

トータルで合格水準に達している志望理由書ですが、欲をいえば、「どうしてこの大学の政策学部を選んだのか」という志望理由と、その学部だけが有する特徴まで書ければ申し分ありません。指定字数に余裕がなく志望理由書に記せない場合には、面接で話せるよう準備しておきましょう。

第4節　志望理由書の事例

社会学系の志望理由書

重要度 ★★★★★

★合格者が記した志望理由書から「受かる書き方」を逆算しよう

以下は、社会学志望の受験生による事例です。社会学のカリキュラムは、文学部や人文学科のなかに「社会学専攻」として存在するケースもあれば、単独の「社会学部」として設置されているケースもあります。社会科学系学問としては比較的新しい学問であり、対象範囲が広いという特徴があります。

本学の志望理由を800字程度にまとめて書きなさい。

❶私は、貴学で社会学を修め、都市社会学の研究者をめざしたいと考えている。❷貴学のオープンキャンパスにおける学部紹介で「社会学は非常に広い範囲にわたって生きた社会と人間とのかかわりを多角的に考察する」という説明を受けて以来、社会学への関心を温めてきた。

❸こうした学問への関心を深めようと、日本を代表する社会学者である見田宗介氏の『社会学入門』（岩波新書）と、大澤真幸氏の『社会学史』（講談社現代新書）を読んだ。後者は大部の本だったが、この学問の対象とすぐれた先行研究が紹介されていて、とても有益だった。

❹社会学は、フィールドワーク、社会調査、仮説の設定・検証などのプロセスを通じて新しい発見、とくに問題発見と問題解決につながる。よりよい社会に近づくための一助となる社会学という学問に、私は大きな魅力を感じている。

→p.80に続く

文面へのコメント

➡❶：○　研究者という「将来像」、および社会学のなかの「都市社会学」という具体的な分野が示されている点がグッド。

➡❷：○　オープンキャンパスで学問への関心に触れる印象的な言葉と出合ったという体験が語られていてグッド。

➡❸：◎　まさに模範的な「きっかけの深め」であり、ベリーグッド。よい本を選んでいますね。また、本から得た情報まで記述できていてグッド。

➡❹：◎　関心のある学問を自分がどうとらえているかを記述しています。

コシバからのアドバイス

「きっかけ」「きっかけの深め」がアピールできるよう、この事例のように、自分の関心に近い研究や先行研究について読んだ本と、それらの研究内容に関する記述を盛り込みましょう。

前提知識はこれだ

社会学部や社会学専攻の研究テーマは広範にわたる。

社会心理学	個人の心理ではない社会集団レベルのメンタリティや社会集団ごとの比較などに関する研究。
宗教社会学	宗教とその社会のメンタリティや、規範意識の関係に関する研究。
ジェンダー	生物学的性差ではなく、歴史的・社会的に生み出された性差・性差別の研究。家族論が関連分野。
社会人類学	おもに先進国ではない未開社会の現地調査を含む研究。
社会言語学	生きた社会における言語の研究。

→p.78から続く

❺貴学入学後からは、東京という世界的な大都市に暮らす市民を対象とするさまざまな意識調査とその分析を行いたい。また、海外の主要都市とも比較し、都市社会学の視点から都市政策の歴史と国際関係を多角的に考察したい。

❻そのために、●●教授の「都市社会学」や、▲▲教授の「比較社会学」「感情社会論」などの講義に注目している。卒業論文は、●●教授による指導のもと、都市社会学のテーマを選びたい。

❼また、こうした分野で外国語文献を参照できるようになることや、海外でのフィールドワークを行うことなどを視野に入れて、英語や中国語などの外国語の能力も高めていきたい。

❽グローバル化やIT化によってかつてない規模で社会変動が起きている現代には、ナショナリズムの再燃や難民・移民など、社会学が対象とすべき問題が多数存在する。さまざまな情報にただ受け身で翻弄されるのではなく、この社会を冷静に、そして当事者意識をもって考えられるための学識を貴学で獲得し、研究者としての道を歩みたい。

〔774字〕

全体を通じたコメント

みずからの関心分野である「都市社会学」について具体的に説明できています。さまざまな都市ごとのインフラストラクチャー（交通網・通信網・電気や水道などの社会基盤）、歴史、住民のメンタリティや満足度、犯罪発生率などの比較には興味深いものがあります。

ナショナリズムやITの問題に触れている点も、社会学系志望者にふさわしく、高評価の対象となります。自分たちの文化に誇りをもち、社会をよくしていきたいという思いは、ときに排他的・排外的感情につながります。ITがそれをあおっているという点にも問題があります。

文面へのコメント

➡❺：◎　大学での「研究計画」が具体的でありグッド。

➡❻：○　注目している教員と授業の情報が❺との関連で書かれておりグッド。

➡❼：◎　学問への関心と外国語の学習意欲が結びついておりグッド。

➡❽：○　締めくくりとして、大学での学びを通じてどのような知的成長を遂げたいかが示せておりグッド。

コシバからのアドバイス

「都市社会学」の研究者志望を表明していることにともない、大学院進学、あるいは留学についても触れられていれば申し分ありません。

なお、都市社会学専攻の場合には、大学教員という進路以外にも、政府系機関や民間企業の研究員という進路も考えられます。

前提知識はこれだ

他人指向型	他人に同調して生きる現代人の性格をさす分類。『孤独な群衆』の著書で有名な米国の社会学者リースマンが命名。
アチーブメント／アスクリプション	「アチーブメント」は「個人の業績」、「アスクリプション」は年齢、性別、家柄、人種などの「個人の属性」を意味する。どちらを重視するかによって社会のあり方は劇的に変わる。米国の社会学者ベラーが命名。
マクドナルド化	社会の合理化と、世界の食と風景の均質化。米国の社会学者リッツァが命名。

第4節 志望理由書の事例

経済学系の志望理由書

重要度 ★★★★★

★合格者が記した志望理由書から「受かる書き方」を逆算しよう

以下は、経済学志望の受験生による事例です。指定字数は800字程度と、やや多めです。次のテーマ12「経営学系・商学系の志望理由書」との異同を意識してください。

本学の志望理由を800字程度にまとめて書きなさい。

①私が貴学で経済学を学びたい理由は、4つある。

②1つ目は、高校で生徒会役員としてお金の管理に携わったことである。予算会議に出席して生徒会活動の収支を把握した。また、文化祭で配布される校内誌の発刊につき、原価と利益を考えて価格を設定し、外部業者との交渉も担当した。その経験から、社会におけるお金の流れや経済について関心をもつに至った。

③2つ目は、貴学がキリスト教の理念にもとづいて運営されていることである。私はクリスチャンではないが、高校がキリスト教系の学校であるため、他者に対する思いやりや社会的責任について深く理解している。④3つ目は、私が関心を寄せる経済学分野の研究施設が充実していることである。オープンキャンパスで経済研究所やGIS（地理情報システム）の専用ルームを見学し、電子地図や国政調査・人口・地価・土地利用に関するデータを経済学に生かしている点に強く関心をひかれた。これらの教育を実践した国内初の経済学部が貴学だと知った。私も、このしくみを活用したい。⑤4つ目は、2年次から「理論・数量コース」「政策・産業コース」「歴史・国際・地域コース」に分かれ、関心分野の学びを強化できることである。

→p.84に続く

文面へのコメント

➡❶：◎　ほかならぬ「貴学で」「経済学を学びたい」という理由への導入が冒頭で示せておりグッド。私のおススメは卒業後の大きな「将来像」から書き始めることですが、こういう書き出しもアリです。

➡❷：○　「お金の流れ」「経済」に興味をもった「きっかけ」の記述がグッド。このあと、経済学関連のどのような本を読んだかという「きっかけの深め」が書ければ申し分ありません。

➡❸：○　このように、信者ではない人が宗教理念に共感することはありえます。この記述は妥当です。

➡❹：◎　研究施設の内容とオープンキャンパスでの見学内容が書かれていてベリーグッド。また、「なぜこの大学でなければならないのか」という理由も記されています。GISの活用法にまで触れられれば申し分ありません。

➡❺：○　全国に数ある経済学部のなかで志望校だけが有する特徴を指摘しています。

コシバからのアドバイス

高校での生徒会活動が志望理由に結びつく例として参考になります。また、在籍校や志望校の宗教理念に触れる場合の書き方の模範でもあります。

前提知識はこれだ

「経済学」economicsの語源は、ギリシャ語の*eikos*「オイコース＝家」である。また、「家」のようにある程度閉じた空間内でのヒト・カネ・モノ・情報の出入りを研究するという点で、「経済学」の語源は「生態系」ecologyと同根である。なお、日本語の「経済」の語源は「経世済民（けいせいさいみん）」であり、「福祉」や「国家運営」と関連する。

→p.82から続く

⑥私の母は銀行に勤め、責任ある大切な仕事を任されており、そのような母の姿を幼少期から見て尊敬の念をいだいてきた。その影響もあり、私も金融関係の仕事に就きたいと考えている。そのために、「政策・産業コース」で金融政策学やマクロ経済学を学びたい。とくに、●●教授担当の「産業論」には、企業や官庁に勤める外部講師から現場での話が聴ける点で魅力を感じる。

⑦加えて、貴学がかかげる「大学で学ぶ意義の自覚」「社会的自立と社会への貢献」「専門以外の幅広い学び」というカリキュラム・ポリシーにも共鳴している。このような理由から、私は貴学を志望する。また、これまで述べてきた私の学問的意欲は貴学での学びの場にも貢献するものと考え、みずからを貴学に推薦する。

〔812字〕

全体を通じたコメント

自分の在籍校に関する記述（生徒会活動）、家族に関する記述（母親の仕事）、大学で学びたいことに関する記述が、800字程度という長めの指定字数を生かして網羅的に、かつ濃密に書けています。

文面へのコメント

➡❻：◎　専門分野の何を、なぜ勉強したいかについて書かれておりグッド。また、大学の特徴が「なぜこの大学でなければならないのか」という理由と結びついている点もグッド。なお、母親からの影響に関する記述は、❷の「きっかけ」部分に書くのもアリです。また、母親に取材し、銀行での仕事に関するやりがいや社会的意義を聞き出して面接で話せるよう準備しておきましょう。

➡❼：◎　大学とのマッチング、および自己PRがグッド。

コシバからのアドバイス

志望理由書では、パンフレットや公式サイトの受け売りで終わらないよう、大学側によって与えられた環境をどう活用したいかというプランを記述することがとても重要です。

❼の自己PRについては、「自信過剰は逆効果ではないか」「遠慮深い自分にはここまで書けない」と感じる読者もいるかもしれません。しかし、ここで求められているのは、日常生活におけるワンシーンの記述ではなく、志望校へのアピールであることをお忘れなく。それでも書くことに抵抗がある場合には、無理に書く必要はありません。ほかのアプローチを試みましょう。

前提知識はこれだ

経済学の対象は、「モノ」「カネ」「情報」「環境」「時間」など、人間が行うほぼすべての活動を網羅する。文学部志望者のなかには、「文学はお金とは無縁だ。経済学の対象には含まれない！」と言い張る人がいるかもしれないが、本を書店で買い求めるという行為は経済活動にほかならない。また、図書館で本を借りるという行為も、図書館が本を購入しているという点で経済活動に含まれる。また、本の出版も経済活動の一種である。人間の心理も経済活動とつながっている。経済学は、広くて深い。

第4節 志望理由書の事例

経営学系・商学系の志望理由書

重要度 ★★★★★

★合格者が記した志望理由書から「受かる書き方」を逆算しよう

以下は、経営学部で会計学を修めたいという受験生の事例です。「会計学」accountingは、経営学部か商学部で学ぶことができます。どちらの学部も、英語ではfaculty of business administrationと訳されます。

本学の志望理由を600字程度にまとめて書きなさい。

①私は、経営学部で学べる分野のなかで、とくに会計学に関心がある。将来は、実践を通じてビジネススキルを高め、企業の財務部で活躍したい。

②会計学志望のきっかけは、中学生のとき高校のオープンキャンパスに参加し、普通科に設置されている会計コースで簿記の説明を受けたことである。また、高校入学後から行われた、簿記の授業での事業取引の仕訳や財務諸表の作成がとても楽しかった。③さらに、会計と簿記を知ってからは企業関連・ビジネス関連のニュースが理解できる喜びを経験し、それまでとは違う世界が見えるようになった。

④こうした会計や簿記への関心を深めようと『さおだけ屋はなぜ潰れないのか？』（山田真哉／光文社新書）を読んだところ、「会計により多面的に会社や商売の実態を知ることができる」という言葉に出合った。⑤簿記の授業では、会計資料の作成がゴールだった。しかし、この本から会計資料が会社のさまざまな状況を診断する材料としてどれだけ重要であるかがわかり、新しい視点が得られた。

→p.88に続く

文面へのコメント

➡❶：◎　漠然と経営学系・商学系を選んでいるのではなく、核となる学問への関心にもとづいて選んでいることが示せていてグッド。また、書き出しで「将来像」にも触れられている点もグッド。なお、「ビジネススキル」を高めていけば、1つの会社にしがみつく「就社」ではなく、真の意味での「就職」「就業」が可能となります。高いビジネススキルの持ち主は、リストラにも対抗できますし、転職時も有利です。

➡❷：◎　志望の「きっかけ」となったエピソードが具体的に書けています。高校のオープンキャンパスを訪れたという話題は、大学のオープンキャンパスを訪れたという話題にも応用できますね。

➡❸：○「それまでとは違う世界が見えるようになった」は、具体的な知識の獲得が知的成長につながったことを示す印象的な表現でグッド。

➡❹：○　読んだ本のなかで知的影響を受けた箇所の具体例が「きっかけの深め」の説明となっていてグッド。だれにでもある「きっかけ」を、このように「きっかけの深め」にまで昇華できるかどうかで、志望理由書の評価は大きく変わります。このように、関心分野の本について書けると、「きっかけの深め」としてアピール力が増すのです。

➡❺：◎　まさに、「きっかけの深め」にふさわしい内容です。

コシバからのアドバイス

普通科高校でありながら会計コースが設置されているという、在籍校の特徴にもとづいた進路決定理由と志望理由が書けています。

みなさんも、自身の在籍校・出身校の特徴を振り返り、高校で自分が取り組んだことを志望理由の内容として発展させることができないかどうかを考えてみましょう。

→p.86から続く

❻さらに、『図解でわかる部門の仕事　財務部』（津森信也／日本能率協会マネジメントセンター）を読んで、財務部の仕事が資金の調達・管理・運用にとどまらないことを知った。信用不安が起きると、企業の資金調達は困難になる。その事態を回避するための取り組みが会社経営そのものだと、この本からわかった。

❼貴学の経営学部では、会計学を柱とし、財務会計論や管理会計論もしっかり学びたい。近年、会計制度は大幅に変更されている。変更の内容とその理由を、理論的な視点と実践的な視点の両方から追究したい。

❽加えて、金融経済論や家計理論、統計学にも注目している。とくに、貴学出身のビジネスパーソンから最前線における経済・経営の実践例を直接聴ける講義がある点に魅力を感じている。この講義を受けるとともに、これらの学びを踏まえて「問題解決型インターンシップ」にもぜひ応募したい。

❾卒業後は、貴学での学びを生かし、財務・会計の重要性に関する深い理解をもつ社会人として、企業と社会に貢献したい。

〔847字〕

全体を通じたコメント

「将来像」⇒「過去」⇒「現在」がきれいにつながっていて、いわば「自分史」とでもいうべきストーリーが形成されています。また、必要な内容を過不足なく伝えている点もグッド。

文面へのコメント

➡❻：◎　読んだ本から得られた知識に関する記述がベリーグッド。学問への関心が深まっていくプロセスが詳細に伝わってきます。

➡❼：◎　学びたい分野の関連知識があることをアピールするとともに、「研究計画」もくわしく示せています。

➡❽：○　❼と同様、「研究計画」の内容が具体的でありグッド。また、注目している授業の情報とその理由まで挙げられておりグッド。

➡❾：△「卒業後の進路」に関する内容で締めくくられています。欲を言えば、志望する業界の情報に触れたいところです。また、財務・会計の部署はどの企業にもあるので、進みたい業界で求められる財務・会計のスキルは何かという点まで書ければなおよかったと言えます。

コシバからのアドバイス

この事例は、正しくとらえた志望校・志望学部の特徴を「研究計画」に反映できています。ここまで入念に調べていれば、入学後、「このようなはずではなかった」というミスマッチが回避できます。

大学によっては、パンフレットや公式サイトからゼミ論文や卒業論文のタイトル・テーマを閲覧することが可能です。とても参考になりますよ。

前提知識はこれだ

経営学系・商学系における学びのキーワードは以下のとおり。ここで挙げた用語以外にもさまざまな用語があるので調べてみよう。

「消費行動論」「組織論」「税務・税金」「流通」「広告」「貿易」「金融」「証券」「保険」「統計（学）」「労働論・労働法」「数理計量分析」「マーケティング」「リスクマネジメント」「コーポレート・ガバナンス」「ベンチャービジネス」「著作権ビジネス」

第5節 一般的な質問と回答パターン

社会科学系を選んだ理由

重要度 ★★★★★

質問例

「経済学部を選んだ理由を話してください」

ダメな回答はこれだ

★同語反復だよ

ダメ回答 1

経済学に興味があるからです。

ダメ出しポイント

質問した試験官も心のなかで「そりゃそうでしょ」というツッコミを入れたはずです。あるいは、はっきりそう口に出すかもしれません。きらいなら、わざわざ受験するわけはないからです。これでは、試験官に対して有効な情報を提供できていません。こういうのを「同語反復（トートロジー)」と言います。

試験官が問いたいのは、なぜ・どこが・どのように好きなのかという点、さらには、現在の社会状況をどう踏まえて選んだのかという点です。また、これらについてどれだけ具体的で明晰に表現して回答できるかという点にも注目しています。たとえば、「国内・国際社会の理解には経済の知識が不可欠だと考えるからです」「環境問題や格差問題を受け、新しい資本主義を模索したいからです」「経済重視か感染症対策重視かの択一ではなく、両方を重視する社会のあり方について探究したいからです」などと回答すべきでしょう。

合格回答はこれだ

★「社会の理解と人間の理解」という学問の魅力が話せている

合格回答①

❶「経済状況が悪くなると犯罪や自殺が増える」という統計があります。❷社会の理解と人間の理解のために経済学を学びたいと考えました。

評価できるポイント

- ❶：統計など裏づけのある知識が示せていてグッド。
- ❷：経済学の魅力を社会と人間に関連づけて提示できていてグッド。

★社会状況を踏まえて学問の魅力が話せている

合格回答②

❶「経済効率」や「生産性」という言葉で、性的マイノリティや障害者を排除・攻撃する政治家の発言や、ネット上の言説に疑問を感じています。本当の経済力や生産性は、人間の多様性に開かれているのではないでしょうか。❷私は、このような誤解による偏見をもたないよう、経済学を学んで教養を身につけたいと考えました。

評価できるポイント

- ❶：重要な問題提起ですね。
- ❷：無知や誤解による偏見に陥らない、それらに加担しないために学問的教養を身につけるという意識が話せていてグッド。なお、今回の指摘と関連して、文部科学省が実用研究にばかり予算をつける傾向にあること、または、知的障害者のための施設を公費で運営することに対して「税金のむだ遣いだ」などと語り、あたかも真理をついたかのように得意げになる人がいることもおさえておきましょう。

「法学部を選んだ理由を話してください」

ダメな回答はこれだ

★出た！ 「潰しがきく法学部」！

ダメ回答 1

父親と高校の先生から「法学部は潰（つぶ）しがきく」と聞いたからです。

ダメ出しポイント

「法学部は潰しがきく」（＝法学部に入学すれば、たとえ法律の専門家［法曹（ほうそう）］にならなくても、ほかの職業で十分に働いていける）と言ってしまう、大学を就職の手段としか考えていないような受験生をぜひ合格させたいと考える試験官がいると思いますか？ 法学部で何ができるのか、何を学びたいのかについて話せなければなりません。

★「他者貢献」という視点が欠落している。主体性も見られない

ダメ回答 2

親や親戚に、「公務員は安定した仕事だから、いいよ。そのためには法学部が定番」と勧められたからです。

ダメ出しポイント

典型的な「ダメ回答」です。公務員志望なら本来、「他者貢献」の喜びや責任を話すべきなのに、「自分側の安定」を話してしまいました。しかも、周囲から言われるまま、みずから考えることなしに！

たしかに公務員はすばらしい仕事ですが、地域にはさまざまな困難や課題があります。のんきに「安定した仕事」などということはできません。公益のために尽力したいという大志をもたない人が、安易に法学部を志望すべきではありません。

合格回答はこれだ

★現代社会において法律を学ぶ意義が話せている

合格回答①

❶法律は、「人を縛るもの」であると同時に、「人権を守るもの」でもあります。❷一方、現代の日本では、「自己責任論」の風潮と、反対に何にでも形式的に法律を適用して責任を追及するような「法化社会」化が進行しています。❸私は、正しい法律の知識を身につけることが現代社会で積極的に生きるために重要だと考え、法学部を選びました。

評価できるポイント

- ❶：法律の多面性を理解している点がアピールできていてグッド。
- ❷：現代の日本社会における問題が指摘できていてグッド。
- ❸：❶・❷を踏まえて法学を選ぶ意義が提示できていてグッド。

★学問への関心の内容が話せている

合格回答②

政治・経済の授業で、基本的人権を保障する憲法は、たとえ主権者である国民自身の投票によっても簡単には改変できないという「立憲主義」のしくみを知ってから憲法や政治哲学に興味をもったため、法学部を志望しました。

評価できるポイント

法にかかわるどの点に興味をひかれたのかが具体的に話せていてグッド。歴史上、みずからの大切な権利を失うことにつながる主張に賛成票を投じてしまうという「熱狂的ポピュリズム」の例があります。

回答のキモ

- 「なぜ社会科学系学部を選ぶのか」というポジティブな意義を、自分自身と大学に向けて具体的に話せるよう準備しておきましょう。

志望校を選んだ理由

重要度 ★★★★★

「本学の志望理由を話してください」

ダメな回答はこれだ

★大学を立地で選ぶのか？

ダメ回答 1

自宅から通えるからです。

ダメ出しポイント

「小中学校レベル？」「かかりつけの歯医者？」とツッコミたくなる回答です。たしかに、下宿せず自宅から通学できる点は経済的には大きなメリットですが、大学の志望理由としては不適切です。志望校が魅力的であれば、たとえ一人暮らしをしてでも、学生寮に入居してでも進学したいはずだからです。似たようなダメ回答には、「貴学がある●●の街並みがすばらしいから」というものもあります。「●●」には、京都、横浜、神戸、倉敷(くらしき)などの風光明媚(ふうこうめいび)な地名が入ります。「そちらの理由？」という大学側のツッコミが聞こえてきそうです。

これらのような、志望校を立地条件で選んだという理由はNGです。あくまでも理由は「学問の場としての志望校の魅力」であるべきです。

ただし、志望校の立地条件と学びたい分野が結びついている理由であればOKです。たとえば、政策学部志望者による「この地域が、市街地再生に関する生きた教材だからです」という回答であれば高く評価されます。

★社会科学系学部は、ほかにもたくさんある

ダメ回答②

志望する●●学部▲▲学科があるからです。

ダメ出しポイント

野球にたとえれば、球の芯(しん)に当たっていないため相手に打ち返せていない「ファウルチップ」の回答です。その●●学をどう学べるのがその大学の特徴であるのかという点への理解度が試されているからです。

★志望校に失礼だぞ

ダメ回答③

受験の難易度が、私にちょうどよいからです。

ダメ出しポイント

面接でこのとおり言うかどうかはともかく、これが本音だという受験生は多いはずです。しかし、このように失礼な回答が「正直でよろしい」「等身大でよろしい」などとプラス評価されることはもちろんありませんので、言うべきではありません。

そのこと以上に問題なのは、「受験の難易度」「偏差値」という基準で志望校を決めている点です。この回答だと、試験官からは、「受験準備をおざなりに済ませてきたのではないか」「自分を高めようとする意欲が低いのではないか」と思われてしまいます。

仮に入学できたとしても、はたして「自分を入れてくれた親切なちょうどよい大学」でまともに勉強し成長しようという気持ちになれるでしょうか。また、自分の身の丈に合ったレベルの大学で満足できるでしょうか。このように、「モチベーション」と「プライド」の両面から考えると、受験の難易度のみにもとづいて志望校を選ぶことのデメリットがわかってくるはずです。

なかには、「でも、背伸びして合格できても、入学後の授業についていけ

ないのではないか」と思っている受験生がいるかもしれませんが、問題ありません。ついていけそうもなければ、そもそも合格できないからです。

偏差値による輪切りは、学力の有無を問う一般選抜で十分可能です。大学側が一般選抜以外にあえて推薦・総合型を実施するのは、単純に得点化できない個性的な志望理由をもつ受験生に来てほしいからです。

志望理由として大切なのは、この本で繰り返し述べているように、「学問への関心の高さ」「その大学でなければならない、志望校がもつ魅力」です。みなさんもこのチャンスを生かすべく、最高の志望理由を考えましょう。

合格回答はこれだ

★関心分野が学べる点に触れている①：志望校の魅力

合格回答①

❶貴学商学部は貴学の看板学部であり、また、看板学部にふさわしく、関連学問であるマクロ経済学やミクロ経済学、経営学、社会心理学、統計学も併せて学べる点が魅力的です。❷私は、マーケティングを中心に、関連学問も学んで総合的に教養を身につけたいと考えています。❸将来は観光業に進みたいので、ホテルやIRに関する講義が設置されている貴学を志望しました。

評価できるポイント

- ❶：志望校の特徴を的確にとらえています。同じ「商学部」であっても、内容や強みは大学ごとに大きく異なります。
- ❷：商学（ビジネス、コマース、トレーディング、アカウンティングなど）の関連学問がたくさんある点に触れている点がグッド。
- ❸：関心分野につながる志望校の特徴にあらためて触れていて、グッド。ちなみに、IRはIntegrated Resort「統合型リゾート」の略であり、カジノ、ホテル、ショッピングモールなどからなる施設をさします。賭博の施設であるカジノが含まれるため、誘致には賛否両論があります。

★関心分野が学べる点に触れている②：明確な将来像

合格回答②

❶貴学が国立の総合大学であり、その充実した環境下で政治学が学べるからです。❷私は高校の公民科教員を志望していますが、教科指導力の高い教員になりたく、政治学科でおもに政治思想史・社会思想史を学びたいため、教育学部ではなくあえて政治経済学部を選びました。❸貴学には教育学部があり、社会科教育法についても受講できる点は大きな魅力です。

評価できるポイント

- ❶：志望校の特徴を的確にとらえています。反対に、「●●教育大」など、教員養成系の単科大学だから行きたいという理由もありえます。どちらを選ぶかは、受験生それぞれの考え方次第です。
- ❷：メインの志望理由が話せています。また、「教科指導力の高い公民科教員」という明確な「将来像」が話せている点もグッド。
- ❸：❷で話した理由として他学部履修の情報がメインではないという有効な補足になっていてグッド。

回答における注意事項

併願可能な大学では、「本学が第1志望校ですか」と問われる場合がありますが、他校が第1志望校であるならば、無理にウソをつかず、正直にそう答えても問題ありません。つまり、「第1志望校ではない」という理由で不合格になることはないのです。そういう大学は、もともと併願を可とすることによって多彩な人に受験してもらいたいからです。もちろん、その大学が第1志望校であれば「はい、合格したら進学します」と答えてください。

第5節　一般的な質問と回答パターン

テーマ03　自己紹介

重要度★★★★★

「30秒程度で自己紹介してください」

★大学での学びに結びついていない

ダメ回答①

血液型はAB型なのに、性格は典型的なB型だとよく言われます。几帳面(きちょうめん)とおおらかさが同居している感じで、人望はあるほうです。友人にはよく頼りにされます。ペットであれば、イヌ派ではなくネコ派です。実家ではクロネコを飼っていて、エドガーと名づけています。横浜市出身ですから、野球チームでは横浜DeNAベイスターズのファンです。

ダメ出しポイント

部活動やサークルなどでの自己紹介なら、これでもOK。すぐにでも何人かと話題が盛り上がりそうです。でも、大学受験の面接にはふさわしくありません。大学受験の面接における自己紹介では、どのように人格形成を遂げてきたか、どのような価値観をもっているか、学問や社会問題への関心がどの程度あるか、などを話せなければなりません。

★それだけ？

ダメ回答②

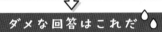

親の仕事の関係で、幼少期から高1まで海外で生活したので、日本語よりも英語に親しみを感じています。帰国後も高校の国際クラスに所属しており、自分は国際人だと思っています。

ダメ出しポイント

「自己紹介」としてはあまりにも内容が薄すぎます。せっかく「親の仕事の関係で」長期海外滞在という貴重な経験をもっているのですから、その経験の内容、そこから得たこと、成長したことなどを話して、自分の内面と考え方を伝えるべきです。また、「国際人」とはどういう人なのかについても具体的に説明する必要があります。

★資格はたくさんもっているけれど……

ダメ回答 3

私は、英検準1級、漢検2級、剣道初段、書道3段、世界遺産検定1級、歴史能力検定「世界史」2級、コミュニケーション検定2級を取得しています。今後は、宅建合格をめざします。

ダメ出しポイント

資格をたくさんもっているのはすばらしいことです。しかし、資格でしか自分を語っていない点は残念。ここでは、取得済みの資格を挙げるだけでなく、それらをめざそうとした理由、および資格の勉強による成長や勉強の工夫などを具体的に話すべきです。

合格回答はこれだ

★自己紹介が自己の成長と結びついている

合格回答 1

❶幼少期から高校まで水泳やプログラミングの教室に通っていたため、家庭と学校以外にも人間関係の拠点があり、多面的な人格形成が遂げられたと思います。❷また、多様な人びととかかわる喜びや価値を知ったことから、取材する仕事やメディアにかかわれる社会科学系に関心をもつようになりました。❸そのため、趣味としてもドキュメンタリーや記録文学などを読んでいます。

評価できるポイント

- ❶：単に習い事を並べるだけでなく、その意義と自分の成長について触れられていてグッド。
- ❷：これまでの経験から得られたことと、職業・学問への関心が結びついていてグッド。
- ❸：趣味に関する説明が、単に「素（す）」の自分を語るのではなく、「社会と人間を知るために本を読む自分」というオフィシャルな紹介につながっています。

★自己紹介が学問への関心と結びついている

合格回答 ②

❶図書館という場を通じて自己形成が遂げられたと思っています。早くに父を亡くし家が経済的に苦しかったため習い事ができず、本を買ってもらうこともなかったため、幼少期からの楽しみは図書館に通うことでした。❷文字から広がる世界に夢中になり、これまでに多様なジャンルの本を読み漁りました。小学校高学年から日記代わりにつけていた読書ノートは、すでに何十冊にものぼります。❸以前から児童文学が好きでしたが、図書館で新聞を読み始めてから経済や経営の本も借りるようになったことが、経営学部志望につながりました。

評価できるポイント

- ❶：印象的な出だしですね。
- ❷：単なる本好きというレベルを超えています。読書ノートをつけるという習慣は、力強いアピールになります。大学入学後もぜひ続けてください。
- ❸：志望学部と結びつける締めくくりもグッド。経済・経営・商学系なら、日々のニュースにも敏感でいましょう。

★自己紹介が社会問題への関心と結びついている

合格回答③

❶小学生のころ学習漫画『日本の歴史』『世界の歴史』を夢中で読んだことがきっかけで、差別という社会問題への関心が芽生えました。それ以来、国内にも国外にも、歴史のなかにも現代のなかにも、人種・民族・性別などさまざまな差別があることに心を痛めてきました。❷高校入学後は、読書やボランティアを通じて、何が人と人をつなぎ、何が人と人を分断するのかを考えてきました。❸そのため、貴学では社会学を学びたいと考えています。

評価できるポイント

- ❶：どのような社会問題に関心をもってきたかを話せています。大学受験の面接にふさわしい知的水準がクリアできていてグッド。
- ❷：単にかかわってきた活動を挙げるだけでなく、活動の内容、およびその活動から考えたことまで話せています。「社会における分断」は、現在の社会科学系における重要な研究テーマです。
- ❸：大学での学びと結びつける締めくくりもグッド。

回答における注意事項

国際系学部・社会科学系学部でも、国際学科の名を冠する学部などの面接では、「英語で自己紹介してください」と言われる場合があります。きっちり準備しておきましょう。

回答のキモ

- この本はいくつものテーマを設定し、死角をつくらない構成をとっていますが、それぞれのテーマに共通する中心核は「学問への関心」であり、その点は「自己紹介」も同様です。

第5節 一般的な質問と回答パターン

自分の長所と得意科目

重要度 ★★★★★

質問例

「自分を振り返って、あなたの長所について話してください」

ダメな回答はこれだ

★長所が大学での学びに結びついていない

ダメ回答①

人見知りせず、だれとでもすぐ打ち解けて会話できる点です。

ダメ出しポイント

まったく「ダメ」だというわけではないものの、大学受験の面接における回答としては不十分です。社交的であることを学びの場である大学で長所として生かすためには、この回答のあとで、たとえば「大学の授業などでも活発に発言し、揚げ足取りではなく、議論を盛り上げることができると思います」などと補足する必要があります。

★努力と成果の結びつきが説明できていない

ダメ回答②

努力家である点です。

ダメ出しポイント

不十分な回答です。受験生はこれまで「努力というものの疑いなき価値」を教え込まれてきたため、大学受験の面接という場でその点を自分の長所として提示しようと思っているかもしれません。しかし、大切なのは、努力自体よりも、「問題発見」「問題解決」のためにどう努力してきたか、その努力によってどのような知見を得たかという点です。面接では、努力による成果を、学問・大学・社会への貢献に結びつけて話すことを心がけましょう。単なる「努力家」のアピールではなく、大学との関係を念頭に置きながら自己PRすべきなのです。

合格回答はこれだ

★学問全般に通じる知的な姿勢が示せている

合格回答①

❶独善・独断に陥らないよう物事を多角的にとらえられる点、自分とは違う意見にも耳を傾けられる点です。❷これらの長所は、小論文の受験勉強を通じて身につきました。

評価できるポイント

- ❶：これらは、学問に向かう姿勢としてとても重要です。大学での学問には唯一解というものが存在しませんから。一方、「わからないことがあれば放置せず、すぐにネット検索します」という回答は不十分です。「ネット検索で済まさず、複数のメディアを参照しています」という回答であれば、長所といえる知的習慣のアピールとして有効です。
- ❷：その長所を獲得した過程が説明できていてグッド。

「得意科目について話してください」

ダメな回答はこれだ

★単語レベルで済ませてしまっている

ダメ回答①

英語です。

ダメ出しポイント

せっかく得意科目について語れる場が与えられているのですから、淡泊に単語で済ますのではなく、なぜ得意といえるのか、どういう学び方で得意になったのか、どういう点が得意なのかなどを試験官に伝えましょう。たとえば「英語、とくにリスニングです。国際的なビジネスの場で使えることを考えてきました」「数学です。数学の学習によって、経済学部に進むうえで必要な数的処理の能力と論理的思考力が身についていると実感できるからです」など、得意・好きの背景にある情報を加えてください。このような回答は、大学の授業でも中身の濃い発言ができる人材であることのアピールにつながります。

合格回答はこれだ

★学問への関心が志望校での学びに結びついている

合格回答①

❶歴史科目、とくに日本と世界の近現代史です。政治学科志望ですので、現代の国内政治・国際政治を理解するうえで近現代史の理解が重要だと考え、勉強してきました。❷勉強においては、出来事や年号の暗記にとどまらず、因果関係や相互関係を理解するよう努めました。その結果、政治思想や政治体制にも興味がわき、成績も上がりました。

評価できるポイント

- ❶：歴史科目への関心が具体的に説明できていてグッド。また、志望学科での学びとの関連づけもグッド。
- ❷：学び方の工夫について述べられていてグッド。また、❶と同様、志望学科での学びとの関連づけもグッド。

★高校での学習が志望校での学びに結びついている

合格回答 ②

数学と情報です。数学と情報で身につけた知識を生かして、貴学商学部でデータサイエンスの手法を用いて、経営・ビジネス・商取引を研究したいと考えています。

評価できるポイント

志望学部との関連づけ、学問のフロンティアを広げようとする意欲の表明、ともにグッド。この回答を受け、試験官から「データサイエンスの手法を使ってどのようなことを研究しますか」「生成AIのプラス面・マイナス面についてどう考えますか」などの追加質問がくる可能性があります。回答に対して追加質問がくるのは、試験官が受験生に興味をもっている証拠です。

★高校で受けた授業の内容がくわしく話せている

合格回答 ③

倫理と政治・経済です。❶高校の授業が討論型をとっていて、単に用語を覚えるだけにとどまらず、❷「自由」「平等」「正義」をめぐってどのような意見があるか、現実に即したどのような具体例があるかなどをくわしく学ぶことができました。

評価できるポイント

- ❶：このように、ある科目が得意・好きになった理由を、自分が受けた授業のスタイルというアプローチによって説明することも可能です。
- ❷：高校で受けた授業の具体的な内容が説明できていてグッド。この回答を受け、試験官から「『自由』『平等』『正義』をめぐるどのような意見がありましたか」などの追加質問がくる可能性があります。その回答として、たとえば、「J. S. ミルが唱えた功利主義や、ロールズが唱えた正義論が現代の日本でどれだけあてはまりそうかを討論しました」などと話せれば申し分ありません。

第5節 一般的な質問と回答パターン

自分の短所と苦手科目

重要度 ★★★★★

質問例

「自分を振り返って、あなたの短所について話してください」

ダメな回答はこれだ

★面接でなぜ短所が問われるのかが理解できていない

ダメ回答①

えっ、短所ですか？　私には、そのようなものはありません。

ダメ出しポイント

さすがにここまで大胆不敵で不遜（ふそん）な受験生はいないでしょう。もしいたとしたら、「自分に短所がないと信じてはばからない、そのこと自体が短所だよ。自分を客観視して冷静にとらえることができない受験生だね」とツッコミたくなります。大学受験の面接では、自分の長所だけが見られるわけではありません。今回のように、まさにその「自分を客観視して冷静にとらえること」ができるかどうかという「自己省察」の能力を判断するため、大学側があえて短所を問うこともあるのです。試験官は、この質問を通じて、受験生が短所・問題点に自覚的であるかどうか、改善可能性・成長可能性があるかどうかを見ています。

★過剰な自己否定が評価を下げている

ダメ回答②

短所だらけ、欠点だらけで、私は人間のクズです。

ダメ出しポイント

過剰なまでの自己否定です。もしこのようなことを言い出す受験生が目の前にいたら、「太宰治かよ！」とツッコミたくなります。前述のとおり、面接は、受験生が自分の短所を冷静にとらえることができているかどうかを見る場ですから、みずから「人間失格」を宣言する必要はありません。

★大学での学びとは何も関係のないことを話している

ダメ回答③

お金の勘定が苦手です。

ダメ出しポイント

お金が研究対象となる経済学部志望の場合には短所となりえますが、それ以外の専攻では学びといっさい無関係ですから、無効な回答です。ほかにも、「背が低い」「見た目が悪い」「毛深い」などの身体的特徴も、大学での学びとは結びつかないため、短所として挙げるのは不適切です。

合格回答はこれだ

★短所を長所に変えてアピールしている

合格回答①

❶好きなことに熱中しすぎて、周りの状況が見えなくなる場合がある点です。❷たとえば、電車の中で読書に夢中になりすぎて、降りるはずの駅を通過してしまったことが何度もあります。

評価できるポイント

- ❶：しっかり自己省察できています。また、熱中しすぎるという短所を、好きなことがあるという長所に変えることに成功しています。
- ❷：具体例を即座に示している点がグッド。しかも、その具体例が読書という知的な営みである点もグッド！

★短所がフォローできている

合格回答②

❶好きな科目に力を入れすぎるあまり他科目の勉強時間を削ってしまうなど、バランス感覚に欠ける点です。❷大学では、専門科目だけでなく、一般教養科目もバランスよくしっかり学ぶつもりです。

評価できるポイント

- ❶：短所を冷静に分析するとともに、関心の向く勉強に邁進（まいしん）できている点がアピールできています。
- ❷：短所について話す場合には、このようなフォローが添えられれば申し分ありません。とくに、このフォローは大学での学び方に結びついていてグッド。また、「自分の意見をはっきり言えないところが短所でしたが、貴学受験のための志望理由書作成や面接・小論文対策を通じて克服できました」という回答でもOKです。

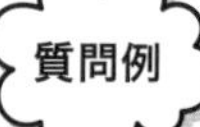

「苦手科目について話してください」

ダメな回答はこれだ

★不用意に決めつけてしまっている

ダメ回答①

英語や日本史・世界史などの暗記科目です。

ダメ出しポイント

英語や歴史科目を「暗記科目」と不用意に決めつけることはよくありません。大学では、学問を暗記ではなく理論にもとづいて研究するからです。ここでは、「意味を考えない暗記は苦手なので、英単語は語源や関連語と組み合わせて理解しようと努め、歴史の学習ではつねに因果関係や現代社会とのつながりを意識しました」などの回答が適切です。

★苦手科目から逃げたことが露呈している

ダメ回答②

理数科目が苦手だったので、社会科学系を選びました。

ダメ出しポイント

面接中、つねに社会科学系で学びたいと積極的にアピールすべきところ、このような消極的理由を話してしまうのは大きなマイナスです。たとえ本音ではネガティブな理由から選択したとしても、面接では、ポジティブな理由を挙げないと低評価がつきます。

第１章／第１節／テーマ03でも、面接は、「素(す)」の自分ではなく、オフィシャルな自己像をアピールする場だと説明しました。大学側は、入学してから４年間続く学びに積極的になれる受験生を合格させたいのです。

合格回答はこれだ

★苦手科目に対する取り組みがアピールできている

合格回答①

❶数学が苦手だったので、中１レベルから学び直しました。❷得意科目に変えることはできませんでしたが、共通テストの過去問で平均点以上の得点を上げられる水準には到達できました。❸数理的思考は、社会科学系でも必要だと考えています。

評価できるポイント

- ❶：苦手科目を放置せず、なんとか工夫して取り組んだことがアピールできています。
- ❷：❶で挙げた取り組みによる具体的な成果が示せていてグッド。
- ❸：そのとおりです。とくに、経済学では数学が重要です。大学によっては受験科目として必修化していますし、入学後に、受験で数学を使わなかった学生を対象とする数学の授業を開講している大学もあります。

高校生活

重要度 ★★★★★

質問例

「高校生活で最もがんばったことや、最も誇れることについて話してください」

ダメな回答はこれだ

★自己PRが求められているのに遠慮？ 謙虚？ 慎み？

ダメ回答 1

とくにがんばったと言えることや、誇れるほどのことはありません。

ダメ出しポイント

慎み深さは日本社会では美徳の1つですが、自己PRが求められる面接ではNGです。試験官は、この質問を通じて、受験生がどのようなことを経験し、どのような価値観をもち、大学でどのような主体性を発揮して学生生活が送れそうかを評価したいのです。志望理由書では「志望校への貢献」について書くことが望ましい⇒第2章／第3節／テーマ02のと同じように、面接でもこれらをアピールし、意欲を示すべきなのです。

たとえば、部活動では選手として試合に出られなかったとしても、「問題発見の習慣が身についた」「他者をよく観察する目が養えた」など、くやしさのなかにも「がんばり」や「誇り」があるはずです。

★答えが1つに絞れていない

ダメ回答 2

2年からバレーボール部副部長を務め、チームは県大会で3位となりました。また、生徒会では議長を務め、3年では文化祭実行委員にも選ばれました。勉強も手を抜かず、全科目がんばりました。

ダメ出しポイント

先ほどの例とは反対に猛アピールしていますが、総花的すぎて、「最もがんばったこと」「最も誇れること」が1つに絞り切れていません。

大学側は、この質問を通じて、受験生の価値観や考え方を評価したいのです。それらが伝わらなければ、たとえ内容が盛りだくさんでも無意味です。「学びと部活動・委員会活動の両立、高校生活の充実を目標にしてきました。たとえば～」など、最初にインパクトのあるまとめから話すと、散漫にならず引き締まった回答になります。

大学の授業、とくに対話や討論からなるゼミでは、言葉による応答にズレが生じると、議論が展開していきません。どのような質問も大学での学びに結びついていると考えて回答しましょう。

★継続や忍耐が自分の売り？　21世紀も浪花節？

ダメ回答 3

チアリーディング部に属し、中高合わせて5年半続け、部長も務めたことです。練習がきつく、コロナ禍もあって辞める部員もいましたが、忍耐力で乗り越えました。

ダメ出しポイント

ズレなく回答できています。一見これでよさそうに思えるものの、推薦・総合型の面接としては不十分です。ここでは、継続よりも「そこからわかること」、忍耐よりも「問題解決のための工夫」を説明できる知性が求められているからです。言い換えれば、大学側が受験生に期待しているのは、あらかじめ存在している「最もがんばったこと」「最も誇れること」を思い出すことではなく、平凡な経験であっても「最もがんばったこと」「最も誇れること」という付加価値を与えて話せる能力です。

具体的には、5年半ものあいだチアリーディングを続けたことによって見えたもの、部長としての責任を果たすなかでわかったこと、練習の工夫、部員をまとめる・部員と対話する工夫、コロナ禍での工夫などがあれば、

「最もがんばったこと」「最も誇れること」としてふさわしい内容となります。

合格回答はこれだ

★努力や工夫の中身がある／学問への関心と結びついている

合格回答①

❶茶道部で活動し部長を務めたことです。❷それまで茶道の経験がなかったため、部で作法を覚えるだけでなく、茶道の本や日本文化に関する書籍を読み、理解を深めるために努力しました。❸こうした努力や後輩への指導力が認められて、部長に選ばれました。❹茶道には競技大会がないので、文化祭での披露を目標として対話を重ね、部員のモチベーションを高めました。❺私は、国際関係法を学び、国際機関など海外で活躍したいと考えていますが、自文化についても語れる素養を獲得できたことを誇らしく思います。

評価できるポイント

- ❶：質問の意図に沿い、回答が1つに絞れています。また、簡潔な結論からスタートできている点もグッド。
- ❷：「最もがんばったこと」「最も誇れること」にふさわしい努力の内容が示されていてグッド。
- ❸：他者からの評価によって客観性が担保されていてグッド。
- ❹：部活動におけるモチベーション上の問題と、問題解決のために工夫した内容が示されていてグッド。
- ❺：学問への関心との結びつきが示されていてベリーグッド。また、全体が1つのストーリーとなっており、話の展開・流れもグッド。

★「問題発見」「問題解決」の姿勢がうかがえる

合格回答②

❶文化祭活動委員会の副委員長として活動したことです。❷ほかのメンバーをまとめつつ委員長をサポートし、先生たちとの連絡役としても役割を果たしました。❸予算や日程の期限を守るという従来の課題に加え、コロナ禍での開催をどう実現するかという点について議論を重ねました。その結果、来場客は入れず、感染症対策に配慮したうえで学内開催に絞り、外部への発信はネットに限定しました。前例がない文化祭でしたが、❹アンケートでは多くの生徒から満足と感謝の声が寄せられました。❺こうした問題解決の姿勢は、貴学の政策学部での学びの場にも貢献できると思います。

評価できるポイント

- ❶：ストレートな回答でグッド。以下もだらだら話さず、細かく区切って要点だけを話すスタイルが貫けています。
- ❷：活動内容や役割が具体的に示されていてグッド。
- ❸：「問題発見」「問題解決」の内容が示されていてグッド。
- ❹：他者からの評価によって客観性が担保されていてグッド。
- ❺：大学での学びと関連づけられていてグッド。

第3章 社会科学系面接 頻出質問・回答パターン25

回答のキモ

- 校内活動を振り返って「熱心に取り組んだ」ことを引き出し、ポジティブに言語化しよう！
- 校内活動に関する回答に、「問題発見」「問題解決」「大学での学び」の視点をからめよう！

第5節 一般的な質問と回答パターン

出身地・在籍する高校の紹介

重要度★★★★★

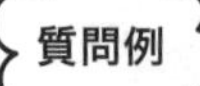

「出身地について、簡単に説明してください」

ダメな回答はこれだ

★説明が主観的

ダメ回答①

何もない、ただの地方です。

ダメ出しポイント

たとえ出身地を卑下しても、「批判精神があって、知的だね」「生まれ故郷を冷静にとらえていて、洞察力があるね」などと評価されることはありません。また、「この世の天国です。私が世界一愛情を注いでいる街です」などと過剰に持ち上げても、高評価にはつながりません。試験官から「お調子者だな」と思われるだけです。大学側がこのように質問するのは、受験生が、他者に向かってどれだけ簡潔に、客観的に自身に関する情報が伝えられるかを評価したいからなのです。

合格回答はこれだ

★批判精神が発揮されている

合格回答①

❶私の育った●●県○○市は、「遠州(えんしゅう)の小京都」というキャッチコピーを採用しています。❷しかし、街のユニークさを提示せず「小京都」という紋切

型の表現で済ませてしまったことには疑問があります。③それよりもむしろ「緑茶の名産地」という特徴を国内外に向けて発信するほうが、地域の持続という観点においても効果的だと考えます。

評価できるポイント

- ❶：まずは街によるオフィシャルな紹介を示すことによって、❷・❸における展開の前フリとなっています。
- ❷：自分の出身地による情報発信の方法に対して疑義を呈しています。批判精神にもとづく「問題意識」が反映された回答でありグッド。
- ❸：日本産の高級緑茶が欧米でも注目されているという点を踏まえ、この受験生が考える街の個性と可能性が示せていてグッド。

★学問・職業への関心と結びついている

合格回答②

①出身地は●●県の県庁所在地であり、数多くの歴史遺産が存在しますが、駅周辺がシャッター通り化しているという問題をかかえています。②私は、●●県に中学の社会科教員として勤めることをめざしているので、③出身地が日本の近代化に果たした歴史、および現在かかえている問題と街の可能性を生徒に話し、故郷の発展に誇りをもって貢献できる若年層を育てたいと考えています。

評価できるポイント

- ❶：出身地に対する「問題意識」が反映された回答でありグッド。
- ❷：出身地と、学問・職業への関心が関連づけられています。
- ❸：しかも、非常に具体的。

こんな質問もある

◆あなたが住む地域の課題は何ですか。

◆市町村合併のプラス面とマイナス面は何ですか。

「在籍する高校について、簡単に説明してください」

ダメな回答はこれだ

★学校の特徴が伝わってこない

ダメ回答 ①

●●県にある、普通科の公立高校です。

ダメ出しポイント

普通科の公立高校はどの都道府県にもたくさんあります。この回答では、在籍する高校の特徴が述べられていません。社会への「問題意識」や学部・学科にかかわる知識を問うほかの質問とは異なり、この質問では、受験生が適切な言葉を選んで過不足なく話せるかどうかという説明力が試されているのです。

★生徒自身による肉声が聞こえてこない

ダメ回答 ②

入学偏差値は50ほどですが、現役合格による大学進学者が比較的多いため、「お得な高校」と呼ばれています。

ダメ出しポイント

まるで受験情報誌で目にする評論家のようなコメントですね。大学側が知りたいのは、調べればわかる入学偏差値のような外部評価や一般的なイメージではなく、当事者である生徒自身による内部評価です。言い換えれば、生徒自身による肉声、あるいは「『私』視点」による説明なのです。

なお、大学付属校に通う受験生に対しては、「なぜそのまま内部進学しないのですか」と問われる場合があります。回答を準備しておきましょう。

合格回答はこれだ

★高校の特徴と大学での学びが結びついている

合格回答①

❶「進学校」「お嬢様学校」のイメージがある中高一貫の私立女子校ですが、じつは部活動や文化祭・体育祭も活発です。ボランティアが必須で、各自の関心と適性によって選べます。また、❷「創作・自由研究」という課題も出されます。そのなかから「ジェンダーの国際比較」というテーマで論文を書いたことが、貴学で社会学を学ぼうと考えるきっかけとなりました。

評価できるポイント

- ❶：一般的なイメージと生徒自身による内部評価が対比されていてグッド。これこそが「『私』視点」による説明です。
- ❷：在籍する高校の特徴と、生徒自身のかかわり、および大学での学びとが関連づけられていてグッド。

★当事者意識から分析できている

合格回答②

●●県にある普通科の公立伝統校であり、多様な個性をもつ生徒が集まる点に特徴があります。生徒自身が互いの個性を認め合っているため、いわゆる「スクールカースト」はありません。私は、自分とは違う考え方をもつ同級生からたくさんの刺激を受けました。

評価できるポイント

自身の高校を、当事者意識から鋭く分析できています。高校には、価値観や家庭環境などが相対的に近い生徒からなる学校と、このように、さまざまな背景をもつ生徒からなる学校があります。「スクールカースト」は、微差によって階層化された生徒間の固定的な序列をさします。社会科学系では、社会学や教育社会学、社会心理学などの研究対象です。

第5節 一般的な質問と回答パターン

卒業後の進路

重要度 ★★★★★

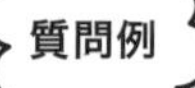

「卒業後の進路について考えていることを話してください」

ダメな回答はこれだ

★大学での学びと結びついていない

ダメ回答①

YouTuberをめざします。

ダメ出しポイント

まるで小学生レベルの稚拙な回答です。もし趣味ではなく将来の職業として本気でめざすのであれば、収益化の方法などを含むYouTuberとしての起業プランや知名度を上げる方法、動画コンテンツの方向性など、社会科学系の学びと結びつけて話せなければ不十分です。

★進路の選択肢すらない?

ダメ回答②

進路はまだ決まっていません。

ダメ出しポイント

学力判定だけで合否が決まる一般選抜の受験生であれば「進路未定」でもかまいませんし、そもそも、大学側から「卒業後の進路」について問われることもありません。しかし、明確な「将来像」と「研究計画」を考え抜いたうえで出願しなければならない推薦・総合型受験において「進路未定」と即答するのはマズイです。もっとも、「進路未定」が熟考の末に導き出された結論であれば問題ありません。ただし、その場合でも、進路の選択肢はいくつか挙げられるようにしましょう。

第2章／第3節／テーマ07で説明したとおり、卒業後の進路は大きく、「就職・起業・独立」「進学」「留学・海外就職」に分類されます。たとえば、「就職」には、民間企業、公務員、教職・大学職員、創作活動、家業を継ぐ、議員秘書、政治家になるための選挙への立候補、などの道があります。あるいは、ボランティア団体であるNGO（非政府組織）・NPO（非営利組織）への参加なども考えられます。

または、「二足のわらじ」、つまり「本業＋副業」という兼業も考えられます。たとえば、森鷗外は「軍医＋作家」でしたし、宮沢賢治は「農業技術指導者＋作家」でした。なお、近年では一部の企業で兼業が認められています。

★進路と大学での学びとのミスマッチが起きている

ダメ回答③

英語教員をめざしています。

ダメ出しポイント

このような職業を希望するのであれば、人文・教育系に進むべきではないでしょうか。たしかに、社会科学系からこのような方面に就職する人も、実際にはいます。また、職業選択の自由もあります。しかし、社会科学系面接の回答としては違和感があります。受験生が考える進路と大学での学びとのあいだにミスマッチが起きているのです。たとえば「社会科学系の教養をもった英語教育者になる」「グローバル・ビジネスの視点をもつ英語教員」というなんらかの具体的意図があるのならこの回答でもかまいませんが、その場合には、自分の意図を十分に説明し尽くす必要があります。

合格回答はこれだ

★進路の候補が示せている

合格回答①

❶商学部で学んだことを生かせる仕事として、銀行やコンサルティング会社への就職を考えています。❷実家が小さな印刷会社を営んでいますが、家業を継ぐとしても起業するとしても、まずは外の大きな会社でビジネススキルを鍛え、人脈を築く必要があると考えているからです。

評価できるポイント

- ❶：大学で学んだことを生かせる職業の例が示せていてグッド。
- ❷：家業がありながら企業への就職を希望する理由が明確に示せていてグッド。大学入学後に「将来像」を練り直す必要に迫られる場合がありますが、可能な限り、受験の段階で選択肢を検討しておきましょう。

★進路を自分で切り開こうとする強い意志が伝わる

合格回答②

❶経営学部で学んだことを生かし、留学を支援する会社を起業すること、あるいはNPO法人を設立することを考えています。❷就職活動に振り回されず、大学での学びに専念したいからです。

評価できるポイント

- ❶：既存の企業に就職するのではなく、進路を自分で切り開こうとする強い意志が感じられる点、「研究計画」が具体的である点がグッド。
- ❷：日本では「新卒一括採用」という企業文化が存在し、学生による就職活動がいっせいに始まるため、大学での学びに影響が生じたり、留学の中断を余儀なくされたりするという問題が起きています。この知識は、小論文対策としても使えます。

★公務員としての「将来像」が具体化できている

合格回答③

卒業後は、政策学部で学んだことが生かせるように、出身県に公務員として勤めたいと思っています。全国に多数ある政策学部をもつ大学との連携、およびまちおこし・まちの再生に関する発案を競い合うコンペティションの開催などを実現したいと考えています。

評価できるポイント

単に地方公務員としてがんばるという意気込みではなく、政策学部志望者らしい具体的な「将来像」が示せています。まちおこし・まちの再生は、中央官庁からの支援、有力政治家の口利き、大企業の誘致などに頼る場合が多く、長期的にはたいてい失敗します。一方、大学による知恵の活用というアイディアには、大きな希望と可能性があります。

★学問への関心と「将来像」が結びついている

合格回答④

憲法の国際比較や法哲学に関心があるため、卒業後は、法曹(ほうそう)などの実務家ではなく、法律の研究者をめざして大学院進学を考えています。

評価できるポイント

学問への関心と、研究者という「将来像」がうまく結びついています。なお、法律を学んだあとの進路には、法律の教養をもつ公務員やビジネスパーソンになるという道や、司法試験を受けるために法科大学院(法曹になるための実務系大学院で、英語ではロースクール)に進むという道、さらに今回のように法学研究科の大学院に進むという道などがあります。

入学後に学びたいこと

重要度★★★★★

質問例

「本学で学びたいことについて話してください」

ダメな回答はこれだ

★大学を資格試験予備校だと勘違いしている

ダメ回答①

公認会計士資格が取得できるよう、必要な科目を勉強したいと思っています。

ダメ出しポイント

この回答は、試験官から「この受験生は、本学に、資格・免許の取得、試験対策のためだけに進学したいのか」とマイナスの印象でとらえられ、大きく減点される可能性があります。大学は、あくまで学問を究めるための場です。資格試験予備校ではありません。もしここからリカバリーできる余地があるとするならば、この回答に続いて、公認会計士としての「問題意識」と「将来像」、およびそれらを実現するための「研究計画」が説明できなければなりません。

★焦点がぼやけている

ダメ回答②

広く経済学を学びたいと考えています。

ダメ出しポイント

たしかに、「経済学」として学べることがらは広い範囲にわたります。しかし、経済学部の面接で「学びたいこと」を問われているわけですから、その広い範囲のなかから学びたい対象を絞り込んで示せなければなりません。たいていの大学で必修化されている「マクロ経済学」「ミクロ経済学」以外にも、たとえば「経済統計学」「計量経済学」「公共経済学」「開発経済学」「経済地理学」「環境経済学」「行動経済学」「経済史」「経済学史」「地域経済論」「都市経済論」など、興味深いトピックがたくさんあります。また、その関心に応える志望校の講座名や注目の教員名などの情報も挙げましょう。

★「他学部履修」が主要関心事になっている

ダメ回答③

法学部に在籍しつつ、文学部哲学科の哲学史や現代倫理学の授業を、他学部履修によって受講したいと考えています。

ダメ出しポイント

たいていの大学が導入している**他学部履修**のしくみを利用すること自体には問題はありません。面接の回答としてその点に触れるのもOKです。しかし、その場合には、まず在籍学部・学科におけるメインの「研究計画」を説明し、その補足として他学部履修に触れるというバランスが必要です。

他校との**単位互換制度**についても同様です。これを強調しすぎると、試験官から「じゃあ、最初からそちらの大学に行きなさいよ」と思われてしまいます。あくまでも、志望校が「主」、他校は「従」です。

また、同様の理由から、多くの大学に設置されている留学プログラムを受講したいとまっ先に強調することもおススメできません。

合格回答はこれだ

★志望校の特徴を的確にとらえられている

合格回答①

❶貴学の経済学部に設置されている「関西経済論」という科目は、地元関西で経済人として活躍したい私にとって、とても魅力的な授業です。また、貴学出身の、関西経済界をリードするビジネスパーソンによる輪番講義にも注目しています。❷経済とかかわる商法や行政法にも強くなりたいので、●●教授のゼミに入り、教授の指導を受けて卒業論文を書きたいと考えています。

評価できるポイント

- ❶：パンフレットや公式サイトをよく調べ、志望校の特徴が述べられていますね。また、「将来像」に結びつく講義の情報を挙げられている点もグッド。
- ❷：関西の経済・経済人への関心を軸としつつ、経済にかかわる法律への関心もアピールできていてグッド。

★研究方法に注目できている

合格回答②

❶国際政治学科の●●教授による研究に関心があります。未来に起こりうる国際紛争の解決策を、データサイエンスの方法によって研究されているからです。❷また、以前読んだ●●教授の著書に載っていた、過去の膨大な内戦・国家間対立・紛争・戦争の履歴をデータ化することによってリスク評価を行い、これらのデータを解決に生かすという取り組みにも衝撃を受けました。

評価できるポイント

- ❶：国際政治学には、データサイエンスを利用した国際紛争の分析と解決策提示というアプローチがあります。
- ❷：指導を受けたい教員の著書を読み、入念に準備していることがアピールできていてグッド。

★関心の対象が明確に絞れている

合格回答 3

①貴学社会学部にメディア社会学コースが設置されている点に注目しています。江戸時代の瓦版から明治時代以降の新聞などのメディアの登場とそれぞれの特徴の比較を、メインテーマとして勉強したいと考えています。②そのため、●●教授の日本メディア史や、▲▲教授の比較メディア論の授業に注目しています。また、▲▲教授の著書も読みました。

評価できるポイント

- ❶：志望分野のなかから関心の焦点が具体的に絞られていて、グッド。
- ❷：みずからの関心と結びつく教員と講義の情報が挙げられていてグッド。また、読書アピールもグッド。

★関心の「中心」と「周縁」がバランスよく説明されている

合格回答 4

①貴学政策学部では、文化政策、とくに美術をはじめとする芸術政策を学びたいと考えています。貴学には日本では希少な「ミュゼオロジー」の講義があり、担当の●●教授の著書を読んでいるため、●●教授の指導を受けたく思います。②卒業後は、文化庁に勤めたいと考えています。

評価できるポイント

- ❶：多岐にわたる政策のなかから「文化政策」「芸術政策」という具体的な分野が絞られていてグッド。なお、「ミュゼオロジー」（museology / museum studies）は、「博物館学」「美術館学」などと訳されます。
- ❷：公務員就職には、このような選択肢もあります。また、美術館に学芸員などとして勤務するという道もありえます。

第5節　一般的な質問と回答パターン

推薦・総合型を受けた理由

重要度 ★★★★★

質問例

「この試験(推薦・総合型)を受けた理由について話してください」

ダメな回答はこれだ

★理由が消極的①：一般選抜の回避

ダメ回答 1

一般選抜の学力試験で合格できる自信がないので。

ダメ出しポイント

問われているのは、「一般選抜を受けなかった理由」ではありません。たとえば、「学力試験の点数では測れない学問への関心や調査研究の実績をアピールしたいから」「『将来像』を評価してもらいたいから」など、いままさに受けている「この試験」を選んだ積極的な理由を挙げましょう。

★理由が消極的②：安全校の選択

ダメ回答 2

一般選抜で第1志望校を安心して受験するための安全校確保という目的から受けました。

ダメ出しポイント

たしかに、推薦・総合型でも「併願可」の大学はたくさんあります。この回答にあるような「安全校確保」という作戦は、トータルな受験プランとして十分にアリです。第1志望校の本命学部が推薦・総合型を実施していない場合がありますし、また出願によって気持ちが高まり、受験モードに切り替わるという効果もあります。とはいうものの、この回答は「この試験に本気で取り組むつもりはない」と宣言しているに等しく、大学側に失礼です。面接は、本音を話す場ではありません。

合格回答はこれだ

★小論文という試験科目の特徴がとらえられている

合格回答①

❶1つの模範解答が存在しない社会問題や学問という領域について自分の意見を提示する❷小論文の作成能力が試せるからです。この能力は、大学入学後も重要だと考えます。

評価できるポイント

- ❶：小論文という試験科目の特徴が正確にとらえられています。
- ❷：小論文を回避する受験生が多いなか、自分の能力を試し、また、大学での学びに結びつけたいという積極的な理由がアピールできています。推薦・総合型で小論文を課す一方、一般選抜では課さないという大学はたくさんありますから、この回答には説得力があります。また、「もともと一般選抜で小論文を課す貴学部が第1志望でしたので、推薦・総合型でも同様に小論文を審査していただけることはチャンスだと考えました」という答え方もありえます。

★試験に対する自分の適性がアピールできている

合格回答②

❶志望理由と、大学での研究計画を評価していただける機会だからです。❷私は、企業経営・ビジネス・起業に関心があり、そのテーマの本をたくさん読んできました。貴学における研究計画も卒業後の進路も練ってきたので、この試験こそそれらをアピールする格好の場だと考えました。

評価できるポイント

- ❶：推薦・総合型で課される志望理由書、面接、小論文などは、学力試験と同様に得点化されます。しかし、推薦・総合型は、学力試験のように「ダメな人を落とす」ためではなく、「よさそうな人を合格させる」ための試験です。試験官に熱い気持ちをアピールすることができれば、高得点がつきます。
- ❷：「この試験」への適性、入念な準備が強調できていてグッド。

★知的好奇心がアピールできている

合格回答 3

❶事前提出するレポートのテーマと課題図書が、国際社会の貧困格差という私の関心分野にかかわるもので、興味深かったからです。❷また、模擬授業を受けてレポートを書くという課題も大学での授業と関連していて知的好奇心が刺激されたため、受験したいと考えました。

評価できるポイント

- ❶：試験会場で小論文を書くというスタイルとは別に、こうしてあらかじめ指定されたテーマと課題図書にもとづいてレポートを提出するという試験もあります。試験の内容は入学試験要項で大学側から発表されており、「これならチャレンジできる」と思えるテーマかどうかが事前に確認できます。

  大学側は、「素(す)」のあなたではなく、レポート作成のために参考資料を集めたり意見を聴いたりして「成長できる」あなたを合格させたいと考えています。レポート作成の過程で指導者からなるべく詳細にアドバイスを受け、自信をもって大学側に提出できるレポートに仕上げましょう。
- ❷：試験と大学入学後の授業との連続性が指摘できておりグッド。大学での授業の多くは、受講とレポート作成がワンセットになっています。そのため、授業で聴いたこと・読んだものをまとめる能力が試されます。受験準備を通じて、この能力を高めていきましょう。

★大学の特徴と学問への関心とのマッチングがよい

合格回答④

❶私は高校3年間、学び、部活動、委員会活動など多様な活動に全力を注ぎました。その実績が高校側から認められ、応募していた貴学への指定校推薦対象者として選ばれました。❷貴学経済学部に応募したのは、私が関心を寄せている行動経済学のコースがあるからです。

評価できるポイント

- ❶：指定校推薦の面接であれば、こういう回答もアリです。
- ❷：指定校推薦では、高校での実績以外に、大学の特徴と学問への関心とのマッチングも重要です。

★実績が評価される点を志望理由として挙げている

合格回答⑤

❶高3の秋まで陸上競技の選手として全国大会に出場してきた実績を貴学で評価していただけるからです。❷入学後は貴学の陸上競技部に所属し、実績を上げることによって貢献します。また、経営学とマネジメントを学び、競技に生かしたいと考えています。

評価できるポイント

- ❶：スポーツ推薦の面接であれば、こういう回答もアリです。
　また、スポーツ推薦以外でも、部活と学業を両立させたエピソードとして、アピール可能です。
- ❷：大学運動部への貢献姿勢とともに学びについても触れられています。

第5節 一般的な質問と回答パターン

オープンキャンパス

重要度 ★★★★★

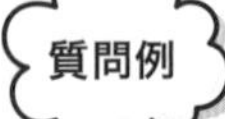

「オープンキャンパスに参加した感想を話してください」

日程の都合や地理的条件、体調不良などが原因でオープンキャンパスに参加できなくなる場合があります。また、オープンキャンパスは夏期休暇中の開催が多いため、志望校決定や出願時期が遅れると参加できなくなる場合もあります。

もしそのような事情からオープンキャンパスに参加していなければ、試験官に対して正直にそう言いましょう。推薦・総合型の審査は総合的に行われるため、不参加という理由で不合格になることはありません。

一方、そうした事情がなければ、オープンキャンパスには積極的に参加しましょう。受験情報がたくさん得られますし、モチベーションも上がります。なお、秋の開催が多い学園祭に行くという選択もあります。

また、下見を兼ね、試験の前にキャンパスを訪問することもおススメです。足を運んだ経験があれば、上記の質問に対して訪問時の感想を述べることができます。また、オープンキャンパスや学園祭のようなイベントが開催されていない志望校の日常を見ることにも価値があります。

新型コロナウイルス感染症拡大によりオープンキャンパス・学園祭の中止・制限が相次いだことを受け、近年はオンラインによるオープンキャンパスもさかんに開催されています。オンライン版オープンキャンパスには、リアルタイムで視聴できなかった場合でも、動画がアーカイブ（記録）として残るため開催終了後でも視聴できるというメリットがあります。

オープンキャンパスに関する最大の情報源は志望校の公式サイトですが、たとえば「スタディサプリ進路」などの外部サイトでも開催日程などが確認できます。活用してみてください。

ダメな回答はこれだ

★大学生は「生徒」ではない！

ダメ回答 ①

案内役の生徒が親切だったことが印象的でした。そこで、この大学を志望しようと思いました。

ダメ出しポイント

第1章／第1節／テーマ02でも指摘したとおり、大学生の呼称は「生徒」ではなく、主体的・積極的に学ぶ人びとである「学生」です。

また、学生が「親切だった」ことを志望理由として挙げている点は安易すぎます。オープンキャンパスで受験生を迎え入れる学生がフレンドリーでホスピタリティに満ちているのは当たり前だからです。

この質問には、オープンキャンパスで見聞きした内容を、自分の学問への関心と結びつけて答えるべきです。

★一般的な感想しか答えていない

ダメ回答 ②

研究施設や図書館が立派だったことが印象的でした。

ダメ出しポイント

高校の理科室や図書室に比べて大学の施設が立派なのは当然です。施設について述べる場合は、自分ならどのように活用したいかという点まで話せるようにしましょう。

ただし、「大学らしいアカデミックな●●講堂を見ることができて、勉強のモチベーションが上がりました」と言うのはよいと思います。講堂をはじめ、時計台、図書館などは大学の象徴とでもいうべき建造物であり、独特のオーラを放っています。大学のキャンパスがかもし出す雰囲気は、オフィスビル、マンション、ホテルのそれとはまったく異なります。じつは私自身も、大学のキャンパスからにじみ出る圧倒的な存在感に憧れて上京しました（そして、大学が好きすぎて、大学院を含め11年も在籍しました）。

合格回答はこれだ

★学問への関心に触れる内容が話せている①：教員による講義

合格回答①

オンライン版オープンキャンパスに参加し、360°のバーチャル・リアリティ映像で学内を疑似体験できました。❶志望する商学部の●●教授による講義によってマーケティング戦略の立て方がわかり、志望理由がより明確になりました。また、チャットによる質疑応答の時間もあり、❷私も▲▲について質問しました。質疑応答のやり取りからほかの受験生がもつ考えも知ることができ、意義深い体験でした。

評価できるポイント

- ❶：このように、オープンキャンパスでは大学教員による模擬授業などが行われます。この回答は、その授業から何がわかったかを話すことができていてグッド。
- ❷：こうした知的な積極姿勢は、高評価の対象となります。

★学問への関心に触れる内容が話せている②：研究室による発表

合格回答②

❶社会学部社会学科の各研究室に所属する学生の発表を見ることができ、❷社会学のイメージがつかめて参考になりました。とくに、外国語文献や専門書を読む技術、データサイエンスに用いる手法などが、高校までに習得したスキルとはまったく異なることがわかり有意義でした。

評価できるポイント

- ❶：このように、オープンキャンパスには、志望学部・学科の先輩にあたる学生の活躍を間近で見ることができるというメリットがあります。パンフレットや公式サイトだけでは伝わりにくいリアルを体感することができるのです。
- ❷：感想が学問への関心と結びついており、内容も詳細でグッド。

★大学での学びにつながる内容が話せている

合格回答③

❶まず、有名予備校講師による受験対策講義、とくに小論文対策と共通テスト対策に関する内容が役立ちました。❷また、貴学社会学部の案内動画を見て、授業カリキュラムの概要を把握することができました。❸とりわけ、統計分析やフィールドワークの内容がわかり、とても参考になりました。❹さらに、ブース内での個別質問コーナーでは、留学にあたって貴学からどのような支援が得られるのかについて、実際に職員の方から伺えました。

評価できるポイント

- ❶：このように、オープンキャンパスでは予備校講師による講義が頻繁に行われています。私自身も、このような仕事をたくさん受けています。
- ❷：大学での学びにつながる内容が話せていてグッド。
- ❸：パンフレットや公式サイトだけでは伝わりにくい内容に着目できている点がグッド。
- ❹：留学支援については、実施規模も支援体制も大学によって大きく異なります。この点も、パンフレットや公式サイトだけではピンとこないはずです。このように、オープンキャンパスには、大学職員から直接話を聞くことができるというメリットがあります。

テーマ12 本・映像作品

重要度 ★★★★★

質問例

「最近読んだ本や以前読んだ本のうち、とくに印象に残ったものを挙げて、その感想を話してください。本ではなく、映像作品でもかまいません」

ダメな回答はこれだ

★準備不足が露呈している

ダメ回答①

高校生向けの経済学の概説書を読みましたが、書名と著者名を忘れてしまいました。

ダメ出しポイント

「読んでいません」とか「印象的な本はありません」などと答えるよりはマシですが、この回答では高評価にはつながりません。この本でも随所で強調しているとおり、自分が関心を寄せる分野の本を読むことによって志望理由を強化することはとても重要です。

もし書名と著者名を挙げられない場合、試験官から「読んだ本は印象に残らなかったのだな」「興味をもって読んでいるわけではないな」「その作品から得られたことはとくになかったのだな」と見なされてしまいます。志望する学部・学科に関連する本については、必ず質問されるくらいに考えて、試験当日もそうした本をもっていくことをおススメします。

なお、本に対する感想が思い浮かばない場合には、政治・経済・経営にかかわる報道や、ドラマ、映画、CMなどを挙げてもかまいません。

★どこがおもしろかったのかを説明していない

ダメ回答 ②

上野千鶴子氏の共著『上野先生、フェミニズムについてゼロから教えてください！』を読んで、おもしろいと思いました。

ダメ出しポイント

面接は、志望理由についてだけでなく、自分の関心分野についてもどれだけ的確で豊富な語彙（ごい）で話せるかが勝負の試験です。本を読むことが学問の重要な役割を占める社会科学系の面接では、単に「おもしろかった」という感想だけでは不十分で、社会科学系に対する関心に照らし、どこがどのように興味深かったのかを話せる、あるいはキーフレーズを挙げられる必要があります。

合格回答はこれだ

★学問への関心＋本の内容＋本から得られた視点が説明できている

合格回答 ①

❶経済学部を志望してから読んだ吉本佳生氏の著書『高校生からの経済データ入門』と、有名な政治哲学者マイケル・サンデル氏の著書『それをお金で買いますか』が印象に残りました。❷吉本氏の本からは、たくさんの具体例を通してグラフ・統計の分析法が学べました。サンデル氏の本からは、経済学では包括できない考え方や事象を知ることができ、❸経済学に対して冷静な視点がもてるようになりました。

評価できるポイント

- ❶：学問への関心と本に関する情報の両方が示せていてグッド。
- ❷：本のなかに書かれている重要な内容が指摘できていてグッド。
- ❸：本を読んだことによって得られた視点が指摘できていてグッド。

★本と映像作品を結びつけて説明している

合格回答 ②

❶国際政治経済への関心から手にとった鳥飼玖美子氏の著書『異文化コミュニケーション学』を挙げます。❷この本を読み、2つの文化比較では不十分であるため第3の比較軸を入れるべきだという「文化の三角測量」という考え方に感銘を受けました。また、❸この本からは、『愛の不時着』などの海外ドラマや映画が異文化衝突と異文化理解のサンプルだとわかり、韓国ドラマを見る新しい視点が得られました。

評価できるポイント

- ❶：学問への関心と本に関する情報の両方が示せていてグッド。
- ❷：本のなかに書かれているキーワードが指摘できていてグッド。
- ❸：本を読んだことによって得られた視点が指摘できていてグッド。また、本と映像作品との結びつきに関する説明もグッド。

★学問の視点によるとらえ直しができている

合格回答 ③

ジャーナリストが活躍する映画に影響を受けたため、政治学科で学び、将来は記者になりたいと考えています。❶読んだのは、国際政治学者である藤原帰一氏の著書『これは映画だ！』です。❷国際政治学者が映画作品をどのように見ているのかという点と、現実に起こった社会的事件を映画がどう描いているかという点に興味をもちました。❸この本を読んでからは、映画の見方が変わりました。

評価できるポイント

- ❶：「印象に残った本・映像作品を挙げる」という質問に対して、映画の話題で終わらせず、しっかり本の話題にも結びつけられていてグッド。
- ❷・❸：学問の視点からのとらえ直しとなっていてベリーグッド。

★本のポイントが説明できている

合格回答④

❶文学・社会学・メディア論・ジャーナリズム論を学び、本にかかわる仕事に就きたいという思いから、『書斎の王様』という本を読みました。この本では、多くの作家・記者・学者が読んできた本と、本の読み方が紹介されています。❷この本ではとくに、立花隆氏が自分の書斎を「わが要塞」と表現している点と、資料として膨大な本を活用している姿勢に感銘を受けました。

評価できるポイント

- ❶：学問への関心と取り上げている本がうまく結びついていてグッド。
- ❷：自分が感銘を受けた点にフォーカスできていてグッド。

★学問への関心と読書体験が結びついている

合格回答⑤

❶法科大学院に進学し法曹（ほうそう）をめざすために、「岩波ジュニア新書」から出ている大村敦志氏の監修書『ロースクール生と学ぶ　法ってどんなもの？』と続編『ルールはなぜあるのだろう：スポーツから法を考える』を読みました。❷法科大学院の実情や法律の具体例がくわしく書かれていて、志望理由の強化に役立ちました。

評価できるポイント

- ❶：学問への関心と実際に読んだ本との結びつきがグッド。
- ❷：本のなかで自分の興味に応えてくれた箇所が指摘できていてグッド。

気になる最近のニュース

重要度 ★★★★★

質問例

「最近のニュースで気になるものを挙げてください」

ダメな回答はこれだ

★アンテナの感度が悪いぞ！

ダメ回答 ①

気になるニュースはありません。

ダメ出しポイント

メディアの伝え方・取り上げ方に問題があり興味をひかなかったという可能性はあるものの、それを差し引いても「気になるニュース」がないという回答はあまりにお粗末すぎます。こう答えてしまうと、試験官から「世の中・世界で起きていることへの感度が著しく低い」と判定されてしまいます。ニュースは、国内政治や国際政治、経済、企業経営、法律、裁判など、さまざまなトピックにかかわります。また、ニュース以外に、特集記事や特集番組もあります。

そもそも、今回のような質問は大学受験の面接では十分にありうるという前提で準備すべきでした。さらに、単に試験のためだけでなく、社会の動向に知的な関心をもち続けることはとても重要です。時流に乗るとか世の中に合わせるという目的ではなく、最低限の知的習慣を身につけるという目的でニュースに触れる必要があるのです。

★用語の定義を誤認している

ダメ回答②

社会の高齢化で老年人口が増えて医療費が増大し、国家予算が逼迫(ひっぱく)していることです。

ダメ出しポイント

ニュースや社会への関心を示せていながら、認識が間違っていたりコメントが一方的であったりすることから低評価がついてしまう場合があります。

「高齢化」とは、人口に占める高齢者の割合の増加のことです。言い換えれば「老年人口比が高まる」ことであり、「老年人口が増えること」ではありません。これはよく誤解されている点なので、注意しましょう。たしかに、医療費(とくに高齢者医療費)、年金、介護などにかかる社会保障関係費が増加傾向にあり、国家予算に占める割合も上昇していることは事実です。40年以上も前から指摘されていながら高齢化に関する制度改善が遅れているという問題もあります。自分自身も高齢者になるという未来を視野に入れ、高齢者を悪者扱いするような言動は慎みましょう。

国家予算に関連する大きな問題としては、1990年ごろから30年以上にわたって「所得税+消費税+法人税」からなる税収の合計が50兆円程度にとどまり続けており(2022年では約70兆円)、約100兆円の国家予算を編成するために国の借金である国債が乱発され続けている点が挙げられます。

★事実にもとづかず、イメージだけで話している

ダメ回答③

未成年者による凶悪犯罪の増加です。

ダメ出しポイント

未成年者による犯罪については、「凶悪化」「増加傾向」のイメージがありますが、未成年者による近年の凶悪犯罪の検挙者数は年間約1,000人で推移しており、1960年代の7分の1です。成年者による刑法犯罪件数についても

2015年から2021年まで7年連続で戦後最少を更新しています（2022年と2023年では微増していますが）。したがって、この回答は事実誤認です。事実に反するフェイクニュースにだまされたり、イメージで社会をわかった気になったりしてはなりません。一方で、「治安悪化」の意識が高まっていることは事実です。なぜそのような不安が生じているのかは、政治学・社会哲学・社会学の対象となりうるテーマです。

似た事例に、「児童虐待（ぎゃくたい）が増加している」という思い込みがあります。たしかに、刑事事件としての立件数は増加傾向にあります。また、児童相談所への相談件数は、1990年の約1,000件に対し、2020年は約20万件です。だからといって、「児童虐待が200倍になった」と早とちりしないでください。この現象は、2000年に児童虐待防止法が施行されたことによって社会や市民が児童虐待に敏感になったこと、児童相談所の存在が認知されるようになったことと深く関係しています。児童虐待が増えたのではなく、児童虐待が顕在化したのです。

合格回答はこれだ

★卒業後の進路に関連するニュースがフォローできている

合格回答 1

❶教員の時間外労働や残業代に関する裁判です。❷授業と授業準備以外の労働時間が長く、正当な報酬も支払われていないという現状を、高校の公民科教員志望者として問題視しています。この事態が続けば、教員の健康が悪化するだけでなく教育の質まで低下し、児童・生徒に悪影響が及びます。

評価できるポイント

- ❶：実際にそのような裁判があり、一部で判決も出ています。
- ❷：裁判に関するニュースを取り上げているだけでなく、教育現場における問題まで指摘できていてグッド。学問への関心・職業への関心が重要な指摘につながっています。

★学術関連のニュースがフォローできている

合格回答②

今年のノーベル経済学賞のニュースです。

評価できるポイント

ノーベル賞の各賞は毎年10月に発表されるので、日程的に近い推薦・総合型の面接で話すのはとてもタイムリーです。ノーベル経済学賞は、社会科学系にかかわる国際賞として最も重要なものです。ただし、ほかのノーベル賞とは異質で、ノーベルの遺言にはなかった賞です。正式には、「アルフレッド・ノーベル記念スウェーデン国立銀行経済学賞」で、1969年から始まりました（ほかは1901年から）。ノーベル平和賞も多くの場合、社会科学系にかかわります。なお、ノーベル平和賞だけは、ノルウェー・ノーベル委員会による選定です。

★政治的な話題に対する意見が明確に表明できている

合格回答③

❶中央官庁による統計の不正や公文書改ざんや隠ぺいの問題、および日本学術会議会員の任命問題です。❷後者の問題では、一部の会員に対する任命拒否の理由が政府から十分に説明されていない点に、学問を志す者として憤りを覚えます。

評価できるポイント

- ❶：以前、国土交通省・財務省・厚生労働省による重要統計の書き換え・公文書の改ざんが発覚しました。先進国にあるまじき問題の指摘、グッドです。
- ❷：私たちは、18歳で有権者となり、また、買い物時に消費税を支払う納税者でもあります。このように、日常生活と政治は密接にかかわっています。権力側である政府への関心は、どの学部を志望する場合でも重要です。

テーマ14 ポピュリズム

重要度 ★★★★★

「ポピュリズムについて、あなたはどう考えますか」

ダメな回答はこれだ

★知らないものは仕方がないけれど……

ダメ回答 ①

どういうものかわかりません。勉強不足でした。すみません。

ダメ出しポイント

知らないことを問われたらこう答えるより仕方がありませんね。試験は総合的なものですからこれだけで不合格にはなりません。

「ポピュリズム（大衆迎合主義）」は、社会科学系における重要キーワードです。よくメディアでも取り上げられますし、推薦・総合型小論文でも一般選抜の小論文でも超頻出テーマですから、「知らないのは恥」だくらいに思って備えましょう。

★同語反復ですよ

ダメ回答 ②

大衆迎合主義、人気取り政治だと思います。

ダメ出しポイント

よく使われる日本語訳に言い換えただけですね。「どう考える」という内容にはひと言も踏み込んでいません。この説明だけでは、民主主義の政治でどうして「大衆迎合」がダメなのか、主権者である国民の「人気取り」のどこが問題なのかがわかりません。
「民主主義」を表す「デモクラシー（democracy）」は、王による支配や貴族による支配ではない「民衆支配」を表すギリシャ語に由来します。また、popular sovereigntyは「国民主権」と訳されます。国民主権は、「国家における政治のあり方を最終的に決める権力は国民にある」という考え方です。

★そういう考え方もあるけれど……

ダメ回答 3

デモクラシー、民主主義はそのままポピュリズムだと考えます。

ダメ出しポイント

たしかに、「愚かで教養のない民衆・大衆が主権者なのだから、ダメ政治が行われるのは当たり前」というように、民主主義を愚かな制度とみなす「デモクラシー＝ポピュリズム」という考え方は根強く存在します。哲学者のプラトンやニーチェはそのように考えました。プラトンは、師匠のソクラテスが市民から選出された多数の陪審員（ばいしんいん）によって死刑判決を受けたという衝撃的な体験から、大衆による決定ではなく「哲人王（哲学者が王に即位するか、王が哲学者になる）が政治を行うべきだ」と主張しました。また、自分を知的貴族と見なしていたニーチェは、大衆を忌（い）みきらっていました。

合格回答はこれだ

★社会科学系志望者にふさわしい知識が披露できている

合格回答 1

歴史的にはヒトラーやナチ党、近年ではトランプ米国前大統領の政治手法が典型で、「敵」をつくって大衆の熱狂を誘うなど、民主主義の堕落（だらく）形態として大いに問題があると考えます。

評価できるポイント

推薦・総合型の小論文で頻出する「ポピュリズムの具体例を挙げてください」というテーマにもそのまま対応できそうなよい答え方です。

ポピュリズムは、議会外で大衆に直接呼びかけ、既得権階級やエリート階級などの「上」を批判し、労働者階級などの「下」から支持や熱狂を引き出そうとする政治手法です。脅威として設定した「敵」を口汚くののしり、「敵から大衆を救うのはオレだ！」というレトリック（表現技法）を好みます。

ポピュリズムには、このような扇動・煽情（せんじょう）を受けて熱狂した大衆がみずから基本的人権を放棄するような主張に投票してしまうという問題があります。また、さまざまな重要な権利や自由・平等を、単なる建前や「ポリティカル・コレクトネス（政治的正しさ）」として否定する点にも問題があります。

★社会科学系志望者にふさわしい認識が示せている

合格回答②

民主主義が大衆の熱狂を引き出すポピュリズムに堕落しないよう、民主主義のあり方や、いまの社会・政治のあり方を不断に吟味すべきだと考えます。また、有権者側が責任感をもつことも大事だと思います。

評価できるポイント

いったん成立した民主的な憲法が国民の権利をずっと保障してくれると考えてはなりません。経年劣化が必ず訪れるトイレ、風呂、キッチンなどを定期的に点検することが必要であるのと同様に、国民は絶えず権力をもつ機構をチェックし、国民がもつ権利を侵していないかどうかを調べる必要があるのです。英国の歴史学者であるジョン・アクトンは、「権力は腐敗の傾向がある。絶対的権力は絶対的に腐敗する」と述べています。

ちなみに、「人および市民の権利の宣言」が正式名称であるフランス人権宣言は、ルソーの思想に多大な影響を受けているといわれます。そのルソーは、人びとを、ただの人たちの集まりである「大衆」と、社会への当事者意識と責任感をもって行動できる「市民」に分けています。

民主主義が危機にさらされた歴史的な例としては、「世界で最も進んだ憲法」「世界で最も民主的な憲法」といわれたワイマール憲法下でヒトラーが登場してファシズム・全体主義的なナチス政権を樹立したことが挙げられます。

法学者であるケルゼンは、「民主主義はその敵よりの攻撃に対し最も脆弱な政体である。民主主義はその最悪の敵さえもその乳房で養わざるをえないという悲劇的宿命を負っている」と言っています。これは、民主主義は民主主義を否定する言論さえ言論の自由として認めてしまうということを意味します。民主主義がかかえるこのような問題を解決するために、戦後のドイツでは、ヒトラー政権誕生の反省を踏まえ、憲法にあたる基本法において自由で民主的な基本秩序の破壊を主張する政党の禁止、関与した個人に対する基本権の停止などを定めています。

ほかにも、社会科学を理解するうえで有益な言葉を紹介しましょう。「民主主義は最悪の政治形態と言うことができる。これまでに試みられてきた民主主義以外のあらゆる政治形態を除けば、だが」。これは、ヒトラーと戦った英国の首相チャーチルの言葉です。

民主主義は独裁政治であるファシズムに勝利しましたが、その勝利のあとにも、政治関連のエッセイを数多く残している英国の作家E・M・フォースターは、「民主主義について万歳三唱することはできない。二唱くらいが適切だ。多様性への寛容と権力批判への寛容の2つである」と言っています。社会科学系志望者であれば、民主主義の意義とともにそれがはらむ弱さともろさに自覚的でありたいものです。

ヘイトスピーチ

重要度 ★★★★★

質問例

「あなたは、ヘイトスピーチをどのような問題だと考えますか」

★ヘイトスピーチの理解が不正確

ダメ回答 ①

言論の自由や表現の自由があるので、制限することは問題だと考えます。

ダメ出しポイント

みずからは匿名で特定の人物・集団を名指しし、陰謀論などの偏った考え方にもとづいて、現在起きている事態の原因を特定の人物・集団のせいだと決めつけ悪口雑言・罵詈讒謗を浴びせかける「ヘイトスピーチ」は、恫喝であり犯罪行為です。言論の自由や表現の自由の一形態だとはとうていいえません。ヘイトスピーチは、民主的な社会を維持するうえで重要なデモ行進とも異なります。言論や表現の自由、デモ行進をする権利は強大な権力への対抗手段として重要です。しかし、ヘイトスピーチは日本社会における民族的マイノリティに対する脅迫です。

通称「ヘイトスピーチ解消法」(正式には「本邦外出身者に対する不当な差別的言動の解消に向けた取組の推進に関する法律」)も2020年に成立しています。

ときどきデモとテロ(テロリズム)を混同する人がいるのは由々しき事態です。デモ(デモンストレーション)行進の重要性を考えるうえでとても参考になるのが、米国のキング牧師による公民権運動です。黒人への差別的な法律や制度や習慣が残るなかで、選挙権など黒人の公民権獲得のために「非暴力直接行動」を行ったとして知られます。「非暴力」ですが、大勢で大声を出して公道を行進します。「うるさい、迷惑だ」「もっと静かにやれ」という意見もあるでしょうが、社会的マジョリティを動かすために、あえて波風を立てて緊張をもたらし、社会的不正義に対して物議を醸そうとしている点を理解してください。

合格回答はこれだ

★社会科学系にふさわしい知性にもとづいて答えられている

合格回答 ①

社会が多様なメンバーからなるということを否定するものです。自分の不満や不遇をだれかのせい、陰謀のせいとする思考は、自己の成長を阻害します。また、社会を分断するおそれもあります。

評価できるポイント

社会というものが「つねにすでに」多様な構成員からなるという認識は大事です。そうした社会の本質的多様性を表現するものとして「社会」を「コンヴィヴィアリテ」というフランス語で表現する学者もいます。英語ならconvivialityで「陽気さ・陽気な言動」という意味もありますが、「共生」という意味もあります。「自立的共生社会」という訳もあります。

自分の不満や不遇をだれかのせいにするということに関しては、テーマ14にも登場したニーチェが『道徳の系譜』（木場深定翻訳／岩波文庫）という著書のなかで重要なことを語っています。「これまで人類の上に蔓延していた呪詛は苦しみの無意味化ということであって、苦しみそのものではなかった」。

じつは、慶應義塾大文学部の推薦・総合型小論文に「この言葉は現代の日本においてどのような意味をもちうると考えますか。あなたの意見を述べなさい」という出題があったので、少し解説します。

苦痛、不遇、失敗などの「苦しみ」は、自分を見つめ直し、よくないところを改善するチャンスです。英語には「No pain, no gain.」（痛みなくして得るものなし）ということわざ、ギリシャ語には「受苦せし者は学びたり」（苦痛を被った人はそこから学べる）ということわざがあります。

しかし、「苦しみ」が、だれかのせいにしたり他人をのろったりする「呪詛」に変わってしまうと、苦しみから学ぶことができなくなります。たとえば、「納得のいく仕事と報酬を得るためにもっと勉強しよう」「ビジネススキルを磨こう」などとは考えなくなってしまうのです。ニーチェはこれを「ルサンチマン＝怨念・呪詛」と呼びました。ヘイトスピーチはまさに「ルサンチマン」の現代的形態です。

極右の政治運動である「Qアノン」が支持されているように、米国でも陰謀論は大はやりのようです。しかし、個人レベルだけでなく政治や政策において、みずからの失政をだれかの陰謀のせいだとする態度は最悪です。政治では、結果責任を引き受けることがきわめて重要です。そうでなければ失政から何も学ばず失敗を繰り返すでしょうし、権力の横暴に歯止めがかかりません。

「結果責任を引き受ける」という点について補足すると、政治や政策では「帰結主義」が重要です。「帰結主義」は、ある政策の目的と成果を設定し、失敗したらその責任を引き受けるという姿勢をさします。

帰結主義は、「結果論」とは異なります。結果論とは、「たまたま結果がうまくいったからそれで万事OK」「たまたま結果が悪かっただけだから、志や努力などの過程を評価すべきだ」など、責任の引き受けを回避しようとする姿勢です。試験勉強であれば結果論でも許されますが、政策の実行においてはそうはいきません。

日本の政治家や官僚は、なるべく責任をとらなくても済むよう、「誠心誠意を尽くして」「全身全霊をかけて」「政治家生命をかけて」など、「努力」を強調したがりますね。そして、努力の結果もむなしく失敗してしまうと、議事録や公文書を廃棄してしまいます。このような発言や行動は、責任の引き受けを回避しようとする姿勢の表れです。

★問題の焦点の当て方がすぐれている

合格回答②

一般市民がヘイトスピーチを深刻な社会問題として受け止めておらず、自分とはかかわりのない他人事(ひとごと)とみなしているのではないでしょうか。そういう点も問題だと考えます。

評価できるポイント

よい着眼点ですね。「自分が差別の対象になっていないのなら見て見ぬふりをしよう」という態度こそが問題であるという指摘です。

私たちは、「自分たちには不条理な差別を受ける可能性がある」と考える当事者意識をもつことが重要です。歴史的には、ドイツにおいて、それまで隣人であったユダヤ人が突然、「真正ドイツ人にあらざるもの」という不条理な理由から強制収容所に送還されて虐殺(ぎゃくさつ)の対象となった例があります。国内では、コロナ禍のころに感染者に対する差別も見られました。過去にも「病気」に関する差別はありましたが、新型コロナウイルス感染症関連では、感染者の家族が偏見の目にさらされて自殺する事例が起きています。すべての人は、このような差別を受けるリスクにさらされています。社会科学系志望者は、こうした一種の「社会病理」に敏感であるべきです。

こんな質問もある

◆ヘイトスピーチへの法規制について、あなたは賛成しますか、反対しますか。

◆外国人への偏見はどうすればなくせると考えますか。

第6節 専門的な質問と回答パターン

テーマ16 憲　法

重要度 ★★★☆☆

質問例

「憲法改正の議論について、あなたはどう考えますか」

★政治的な話題だからという理由で発言を回避している

ダメ回答①

意見の分かれる政治的な話題なので、言いたくありません。

ダメ出しポイント

たしかに、酒の席ではアルコールの効果もあって感情的になりケンカになるから、意見の分かれる政治的な話はしないほうがよいなどといわれることがあります。しかし、ここは社会科学系の面接です。冷静に意見を言いましょう。「改憲」でも「護憲」でもその他でも、立場で合否の評価はされません。小論文と同じで議論の進め方が大事です。

「意見が分かれる」のは事実です。2023年のNHKの世論調査によれば、「憲法を改正する必要がある」と回答した人が35％、「必要はない」19％、「どちらとも言えない」42％でした。過去の世論調査を見ても、その時々の国際情勢・国内情勢との関連で数字は変化します。

★常套句で済ませている

ダメ回答②

現行憲法は米国による押しつけ憲法だから自主憲法に向けて改正すべきだと思います。

ダメ出しポイント

「押しつけ憲法」「占領憲法」「マッカーサー憲法」という言い方はよく聞きますね。みなさんも100万回聞いた感じでしょうか。しかし、社会科学系学部、とくに法律学科や政治学科をめざすならそういう常套句で済まさず、内容を問う知的習慣をもちましょう。

もちろん、憲法や法律をすでにそこにあり動かせない所与とみなして傾倒する姿勢はある種の「思考停止」で知的ではありません。しかし、内容も考えないで「押しつけだから悪」とする姿勢もある種「思考停止」です。

現行憲法の成立過程をしっかり知り、「押しつけ」と評すべきかどうか考えようということです。仮に「押しつけ」と評するとしても内容の是非を問う必要があるでしょう。「占領下での憲法だからただちにダメ」で「自主憲法だからただちにヨイ」としてよいのかということです。

物事の出どころ、起源を最大の評価の基準にする考え方を「源泉主義」といいます。温泉なら「源泉100％」は魅力的に見えますが、憲法も内容や効能よりも起源が大事でしょうか。

合格回答はこれだ

★感情レベルではなく冷静な議論が重要という提言

合格回答①

現行憲法を貶して感情レベルで憲法改正へとあおるような議論の仕方には反対です。

評価できるポイント

改憲をタブー視するのも思考停止で感情レベルですが、現行憲法を悪しざまに罵るかたちで改憲を正当化するのは議論としては幼稚ですし、未来に禍根を残します。つまり、憲法なんか尊重しなくてよいのだという前提をつくってしまうということです。改憲したい人は、「新憲法」をみんなが誇りにして尊重してほしいと考えているはずですが、それなら現憲法も尊重して、その不備について正式の手続きをもって堂々と改正するほうが説得力があるでしょう。

以前、政府与党のなかからまず憲法第96条を変えようという意見が出ました。「この憲法の改正は……総議員の三分の二以上の賛成で……発議」という部分のハードルが高すぎるという理屈です。ほかの法律なら、出席議員の半数以上の賛成で可決・成立なのにというわけです。これについては、憲法改正賛成派の憲法学者からでさえ「裏口入学」のような改憲論だと批判が出ました。

姑息(こそく)なことをすると「新憲法は裏口入学的改正だったから尊重しなくてよい」というように、「源泉」を問題にされても文句は言えなくなります。改正したい側にとってもこれは本意ではないはずです。

★一票の格差を放置したままでよいのか

合格回答②

私は選挙での一票の格差に注目しています。裁判所による「憲法違反状態」のままで憲法を改正することには問題があると考えます。改正する議論も、まずこの格差を是正してからでないと説得力がないと思います。

評価できるポイント

視点・焦点の当て方がよいですね。衆議院選挙でも参議院選挙でも一票の格差があり、法の下の平等に反するということで、数々の裁判で「違憲状態」という判決が出ています。この状態のまま、全国会議員の三分の二以上の賛成で改正の発議がなされ、国民投票でも過半数の賛成が得られて、「改正＋新憲法」となったとしたらどうでしょうか。

野球やサッカーで出場資格の疑わしいプレーヤーがプレー中にルール改変を申し出るようなものではありませんか。何より「占領下での憲法だから」と悪口を言われた現行憲法と同じように「違憲状態で選出された議員による発議でなされた憲法改正だから」とずっと悪口を言われるのではないでしょうか。

自分の攻撃が自分に返ってくる「ブーメラン効果」にならないためには、さまざまな手続きを公正にしないとダメでしょう。

前提知識はこれだ

◆ソクラテスは「悪法もまた法なり」という言葉を残しています。彼は、陪審員裁判での死刑判決を受け入れて、友人からの脱走のすすめも断って刑に服しています。これは、自分が気に入らない法律を気に入らないからと破っては社会がなり立たないと考えたためと思われます。また、「アテネの若年層を精神的に堕落させた」という言いがかりのような告訴と死刑という評決の不当性を死によって逆に明らかにした、有権者で陪審員でもある市民の自覚と責任を呼び覚まそうとしたとも考えられます。

◆憲法改正のハードルが普通の法律よりも高い理由として、1つは憲法が「法の法」という基本法・最高法規であるからです。もう1つはテーマ14「ポピュリズム」のところでも説明したように、国民が感情的・熱狂的になってみずからの基本的人権を放棄する投票をしないように、選挙・議員の選出の頻度ほどには簡単に改変できないようにして、国民の基本的人権を守ろうとしているということです。民主主義の陥りがちな罠に対する対策ともいえます。このことを立憲主義といいます。

こんな質問もある

◆憲法改正をめぐって賛成派と反対派でどのような意見がありますか。

裁判員制度

重要度 ★★★★★

質問例

「裁判員制度についてあなたは賛成しますか、反対しますか」

ダメな回答はこれだ

★誤解です

ダメ回答①

法律の専門家ではない一般市民だけによる裁判では正しい判決ができないと思います。私は反対です。

ダメ出しポイント

英国や米国では一般市民だけによる「陪審員(ばいしんいん)裁判(Jury)」があります。プロの裁判官はJudgeで 陪審員はJurorです。法律学者はJuristです(Jureはラテン語由来で「法の」を意味します)。一方、日本の裁判員法(2004年成立、2009年施行)に規定される裁判員制度は、法律の専門家である裁判官3人と一般市民(有権者)から抽選で選ばれた裁判員6人の合議制です。「一般市民だけ」というのは誤解です。

国によっては民事裁判にも一般市民が入る例がありますが、日本では殺人など重大な刑事事件だけです。また死刑を含む量刑も決定します。その代わり、一審だけの参加でそれ以降の控訴審(こうそしん)や上告審(じょうこくしん)はプロの裁判官だけで、一般市民は参加しません。

なお、裁判員裁判の判決が、プロだけによる二審以降で覆された件数の割合は2009年以来7～14%ほどです。

★裁判は効率が優先？

ダメ回答②

素人の一般人が入ることで効率が悪くなります。私は反対です。専門家だけで裁判をすべきだと考えます。

ダメ出しポイント

まず「一般人」という少し見下したような表現は避けましょう。小論文の答案でもたまに見かけますが、「一般市民」としましょう。出題者側が「一般人」などという表現を使っているケースにも出くわしたことがありますが、少し鼻につく言い方です。テレビ関係者が自分たちを「ギョーカイ人」と呼び、それ以外の人を「シロート」「一般人」と呼ぶことがありますが、何様のつもりでしょうか。

次に、裁判で重要なことは効率やスピーディさなのかを問う必要があります。たしかに試験勉強は効率よくしたいものです（研究はじっくりでも）。しかし、裁判も？　ある製薬会社では、「効率優先」のあまり安全のための検査を省略した事例があります。ある自動車メーカーでも、「効率」のために無資格者による完成車検査で済ませた事例があります。利用者の安全軽視です。結局このことが発覚し、リコールで企業が数百億円の損失を出すことになりました。

話を裁判に戻します。たしかにあまりにのんびり悠長にやられては困ります。もともと有限な時間のなかで当座のシロクロをつけることは裁判の重要な目的です。もめごとの当事者の寿命が尽きてしまうことが頻発するようでは、紛争解決の社会的手段として役に立ちません。また、あえて「三審制」で裁判の回数を限定しているのも、「時効」というものがあるのも、有限な時間のなかでの正義を実現するためです。

しかし実際には、1つひとつの事件の特殊性、情状酌量（じょうじょうしゃくりょう）の余地も含めて裁判をします。類似例があっても「以下同文」とせず、法廷を開きます。もし効率最優先なら裁判の「自動化」がよいでしょうね。刑法○条にはこう書いてあるからいちいち裁判なんかしないで即判決でよいということになります。

『ジャッジ・ドレッド』という米国のコミックを原作とするSF映画でなら「警察官＝裁判官＝刑の執行官」です。ウルトラ・スピーディです。これはフィクションですが、現実世界では、死刑を廃止した西欧諸国でも「テロ対策」として現場で容疑者を射殺することがよくあります。逮捕して裁判にかけているあいだに、あるいは死刑がないので長期の収監中にその人物の解放を目的にしたテロ、たとえば人質をとった立てこもりなどをされたくないからのようです。非常に考えさせられます。

合格回答はこれだ

★効率ではなく市民の理解の難しさと負担

合格回答①

　法律の専門家ではない一般市民が、先入観なく法廷に出された証拠だけで判決することは難しい。また「疑わしきは罰せず」を理解することも難しい。辞退率も上昇しているように一般市民には大きすぎる負担で、私は反対です。

評価できるポイント

「効率」ではなく、裁判で求められる高度な専門性や合理性を市民が理解して判決に臨めるのかという疑問の提示、この言い方なら合格水準でしょう。ほぼ同様の内容を語っている法律の専門家もいます。野球やサッカーの審判は資格をもつプロだけがしていることは理にかなっているし、市民が参加したらそのぶんだけ公平で民主的で適正な判断ができるというのは幻想だという意見です。議論の1つとして有益です。この見解に刺激されていろいろな意見が誘発されるからです。

　一方で、日本の裁判員裁判はプロも入っています。少し時間がかかっても、「法廷に出された証拠だけ」「疑わしきは罰せず」などの法理について市民側の理解を引き出すこと、なぜそうなっているのか裁判官が語りかけることは重要ともいえます。逆にプロだけの弊害もあるのではないでしょうか。

全員プロの「弁護士」「検察官」「裁判官」による「なれ合い」はいいすぎだとしても、「相場」ができてしまう形式化の弊害です。「この種の事件では懲役○年だな」という相場です。「この種の」というかたちで1つひとつの特別性が閑却(かんきゃく)されうるということです。

辞退率についてはどうでしょう。最初の2009年で53％、2022年で67％です。「仕事や介護があるから出席できない」以外には、「守秘義務が煩わしい」とか「凄惨(せいさん)な殺人事件の写真を見せられてトラウマになる」というような意見もあります。

★私たちが主権者

合格回答 ②

一般市民の、この社会への当事者意識を引き出しうるという点で、裁判員制度に私は賛成します。

評価できるポイント

どういう視点から賛成かが明示されていてグッド。米国のイェール大学の政治学教授だったロバート・A・ダールは「専門家に任せればよいという発想はデモクラシー最大の敵だ」と語っています。「お上(かみ)に任せればよい」というパターナリズムはとくに日本では強い傾向にあるので、その点で市民が裁判に参加することは重要かもしれません。「だれかによる加害、だれかの被害」「私には無関係、プロの司法関係者、よろしく」ではなく、自分が属する社会での出来事として、当事者として裁判にかかわるということです。

そう考えると、7割近くの人が辞退しているからダメではなく、3割の人がしっかり引き受けているというのは悪くないことではないかと評価し直すこともできます。また、参加者へのアンケートでは、90％以上の人が「参加してよかった」「意義深い経験だった」と回答しています。

第6節 専門的な質問と回答パターン

テーマ18 平和構築・安全保障・国際紛争

重要度★★★★★

「世界の安全保障や平和構築についてあなたはどう考えますか」

ダメな回答はこれだ

★出た！「戦争本能説」

ダメ回答①

人類史は「戦争の歴史」とも呼ばれます。戦争は人間の本能に由来するので、これからもなくならないと思います。

ダメ出しポイント

人類史が「戦争の歴史」と呼ばれることがあるのは事実ですが、その由来を「人間の本能」に求める説明は、社会科学の視点からはまったく不十分です。

今日、問題とされる戦争とは、国民国家どうしの対立です。そのような戦争は、18世紀後半～19世紀前半のナポレオンによる戦争以前には存在しなかったとする学説があります。また、クラウゼヴィッツによる『戦争論』が書かれたのは19世紀前半です。このような事実にもとづくと、ここで論じるべき戦争はあくまで近代以降に起こった出来事であり、それ以前には存在しなかったといえます。このようなことから、戦争という行為の起源を人間の本能に求めるという考え方は誤りであるとわかるはずです。このような態度をとっているうちは、戦争の解明・予防・抑止・解決はとうてい導き出せません。

★楽観論、もしくは悲観論にとどまっている

ダメ回答②

世界の平和構築への国連の役割に期待しています。

ダメ回答③

世界の平和構築に対して、国連は無力です。

ダメ出しポイント

どちらの回答も感情論レベルからしか話せていません。

②はあまりに楽観的です。平和維持や紛争解決は、国連（国際連合／United Nations）に任せておけば万事OKなのでしょうか。

一方、③はあまりに悲観的です。「国連は無力」だと断じてしまってよいのでしょうか。

たしかに、国際平和機構である国連の発足（1945年）以降今日まで、さまざまな戦争・紛争、国際的な問題が起きています。たとえば、北朝鮮による核武装や度重なるミサイル発射実験、イスラエル建国にかかわる対立であるパレスチナ問題、シリア内戦、ロシアのウクライナ侵攻などをめぐっては、国連が有効に機能しているとはいいがたい側面があります。

一方で、国連が重要な役割を果たしてきた側面もあります。たとえば、紛争地域に小部隊や監視団を派遣する**PKO（平和維持活動）**は、事態の悪化・防止に貢献してきました。

同時に、国連の本質的な限界についての理解も重要です。たとえば、国連は「世界政府」ではなくそれを指向する機構でもない点、第二次世界大戦に勝利した連合国によって組織された機構である点、国際連盟の総会では**全会一致制**を採用したために機能不全に陥ったという反省を踏まえたはずなのに、**安全保障理事会**では**常任理事国**である5か国すべての賛成を必要とするという原則（**大国一致の原則**）が結果的に全会一致制に陥っている点、などです。

合格回答はこれだ

★平和構築の方針が示されている

合格回答①

貧困の放置や長期化がテロリズムや紛争の温床であるといわれています。私は、先進諸国による経済援助や、NGOによる支援を通じた平和構築という方法もありうると考えます。

評価できるポイント

先進国政府が貧困国・発展途上国へ資金提供を行い、産業育成と教育振興に貢献するしくみを**ODA**（**政府開発援助**）といいます。日本も先進国として参加しており、その原資は、国民が支払う税金です。ODAの基本理念を示した政府発表の「**ODA大綱**（現在は開発協力大綱）」という文書では、ODA実施の目的は、貧困の原因であるテロリズムや紛争の解決だと説明されています。なお、慶應義塾大総合政策学部の一般選抜では、このODA大綱を課題文とする小論文が出ています。

日本による2022年のODA援助金額は世界第3位であり（1位：米国、2位：ドイツ)、経済面で大きな国際貢献を果たせているといえるでしょう。しかし、国民から「税金のむだ遣いだ」という不満の声が上がらないよう、この援助が有効に使われているのかどうかを吟味することが必要です。その点では、相手国の細かい事情に通じ草の根レベルで活動する**NGO**（**非政府組織**）への支援は不可欠です。ODA大綱ではNGOへの協力がうたわれていますが、実態としてはNGOへの支援が手薄です。

一方、政府だけでなく、営利団体である企業が貧困対策や開発援助に協力する事例もあります。たとえば、パワーショベルやブルドーザーなどを製造する日本の重機メーカーがカンボジアなどで地雷除去に協力した、という事例があります。また、バングラデシュのグラミン銀行とその創始者ムハマド・ユヌスは、貧困層への低金利・無担保融資である「**マイクロクレジット**」という試みの功績により、ノーベル平和賞を受賞しています。

銀行がノーベル平和賞を受賞しているとは驚きですね。

★読んだ本の知識を活用して回答できている

合格回答②

国際政治学者ジョセフ・ナイ氏の著書から、権威主義国家による軍事力行使、ハード・パワーによる影響力行使に対して、開かれた自由な民主主義国家によるソフト・パワーの発信が重要だと考えました。

評価できるポイント

ハーバード大学教員を務めたジョセフ・ナイの著書『ソフト・パワー』（山岡洋一訳／日本経済新聞出版社）を読んだようですね。小論文の課題文としてよく出題される本です。この回答に出てくる「権威主義国家」とは、軍事力によって自国（あるいは国家の指導者）の意思を他国に強制する国家であり、「独裁主義国家」「全体主義国家」ともいえます。ロシア、中国、北朝鮮などがここに含まれます。一方、「民主主義国家」は、国民の意思に従って政治を行う国家です。

「ソフト・パワー」とは、「対外的な強制力によらず、その国の有する文化や政治的価値観、政策の魅力などに対する支持や理解、共感を得ることにより、国際社会からの信頼や、発言力を獲得しうる力」です。民主主義国家である日本は平和主義をかかげる国家としてもソフト・パワーを行使しうる側にあるはずですが、国内政治が十分に「開かれた自由な」ものであるかどうかには検討の余地があります。たとえば、国境なき記者団によって発表されている「世界報道自由度ランキング」における日本の2023年の順位は、180か国中68位です。客観的には、けっして高い順位ではないのです。

第6節　専門的な質問と回答パターン

環境問題・持続可能性

重要度★★★★★

「関心のある環境問題は何ですか。
また、その対策についてどう考えていますか」

★「フェイクニュース」の根拠を示していない

ダメ回答①

温室効果ガスによる地球温暖化や気候変動は、すべてフェイクニュースです。したがって、この分野での対策は必要ありません。

ダメ出しポイント

自分や利害関係をともにする人たちにとって不都合な意見や追及を「フェイクニュース（虚偽の情報）だ」と見なしてしまう権力者がいます。米国前大統領のトランプ氏が有名ですね。しかし、もし自分たちに向けられた批判が「フェイクニュース」であるとするならば、その根拠を示さない限り説得力はありません。

フェイクニュースを主張する人たちのなかには、「専門家」（といっても、環境問題は専門外である別領域の専門家）に「人工的な二酸化炭素排出によって地球温暖化や気候変動が起きていることは、科学的には証明できない」と言ってもらい、自説の裏づけとしているケースもあるようです。そのような発言によって、環境対策の無効と二酸化炭素排出の継続を正当化しようとしているのです。

しかし、このような主張には無理があります。実際には、多くの研究機関による調査と分析から、氷河や永久凍土の縮退、海水温の上昇、地球の年間平均気温の上昇が、産業革命以降の人工的な二酸化炭素排出量の増加と森林面積の減少によって引き起こされていることは明らかです。また、スーパーコンピュータを使った多数のシミュレーションと幾重もの検証により、地球温暖化と気候変動との結びつきが科学的に解明されています。

★表面的な対策を述べているだけ

ダメ回答②

プラスチックごみによる海洋汚染に関心があります。私は、レジ袋を受け取らなくて済むよう、買い物の際にいつもマイバッグを持参することによって、環境問題対策に努めています。

ダメ出しポイント

1人の消費者の心がけとしてはよい取り組みですが、社会科学系面接での回答としては不十分です。たしかに、プラスチックごみの消費量を減らすために日常的な取り組みを行うことは、環境問題の当事者として大切です。しかし、買い物用マイバッグを「エコバッグ」と呼ぶような表面的な対策だけで、はたして環境問題は解決するのでしょうか。なお、上辺だけの対策によって環境への配慮を偽装し、問題の深刻さから目をそらすことを「グリーンウォッシング」といいます。環境被害への疑いを「洗い流す」というイメージですね。よく出てくる用語なので、覚えておきましょう。

洗濯用洗剤や食用油を石油化学製品から「天然ヤシ油」「パーム油」に切り替えることについても、環境対策になっているようでいて、じつはそうではないと考えることもできます。インドネシアなどの原生林を伐採(ばっさい)してアブラヤシなどを大量に栽培することによって起こる環境被害のほうが深刻である可能性があるからです。

環境問題を個人レベルの取り組みだけで解決することは不可能です。法律レベル・経済産業レベル・科学技術レベルでの大きな、継続的な、世界的な取り組みが必要なのです。

合格回答はこれだ

★ SDGsに対する問題提起がなされている

合格回答①

国連で採択されたSDGsに注目しています。日本企業でも多くがこれに協賛しているようですし、テレビでもSDGsという言葉を聞かない日はないほどです。しかし、内容を吟味する必要があると思います。この言葉が、世界的に環境対策が進んでいるかのようなイメージを与え、根本的な対策を先送りにしている可能性があるからです。

評価できるポイント

現世代のニーズを充足する開発・発展のあり方に関する指針である「SDGs（持続可能な開発目標）」は、すっかり有名な言葉になりましたね。これは、2001年に策定された「MDGs（ミレニアム開発目標）」の後継・発展版であり、2015年9月の国連サミットにおいて採択されました。17の目標と169の課題からなり、達成期限を2030年に定めています。

この回答は、SDGsという言葉が環境対策への取り組みのポーズとして使われている可能性を指摘しています。これは、とても重要な視点です。

著書『人新世（ひとしんせい）の「資本論」』（集英社新書）で話題を集めた経済思想学者の斎藤幸平氏は、SDGsという言葉が地球の危機から人びとの目をそむけさせていると考え、「SDGsは大衆のアヘン」と指摘しています。なお、書名に用いられている「人新世」とは、「人間による活動の痕跡が地球の表面を覆いつくしつつある、新たな地質年代である現代」を意味します。

斎藤氏による指摘の是非はさておき、私たちは、SDGsという言葉が環境問題への楽観論を導いている可能性がある、という視点をもつべきです。

なお、この分野の最新のデータと理論を参照できる本として、加藤尚武氏の『新・環境倫理学のすすめ【増補新版】』を挙げておきます。

★日本の政策的な課題に触れられている

合格回答②

埋蔵資源に依存せず温室効果ガスを排出しないという点から、再生可能エネルギーの活用に注目しています。日本はかつて風力、太陽光、地熱などの再生可能エネルギー分野で世界をリードしていましたが、いまや各国に周回遅れとなっており、とうてい環境先進国とはいえません。環境負荷の高い石炭火力発電への投資を相変わらず続けるなど、国際水準が求める段階からは程遠く、「化石賞」を贈られる始末です。

評価できるポイント

日本の環境・エネルギー政策の現状をよくおさえている回答です。「化石賞」は、NGOのネットワークであるCANインターナショナルが、環境対策に消極的な国へ皮肉を込めて贈る賞です。この賞を受けるのは、その国にとってじつに不名誉なことです。2022年に日本がこの賞を受けた理由は、化石燃料に対する世界最大の公的資金拠出国であることです。

「再生可能エネルギー」とは、風力、太陽光、地熱など、自然現象のなかでほぼ無尽蔵に使用することが可能なエネルギーの総称であり、使用しても地球環境への負荷は低くて済みます。一方、石炭、石油、天然ガスなどの「化石燃料」は埋蔵量が有限であり、地球温暖化や酸性雨など環境問題の原因となります。

「とうてい環境先進国とはいえません」という点については、次のような根拠があります。日本は、太陽光発電量では最上位集団に属するものの、風力発電量の順位や、総発電量に占める再生可能エネルギー割合の順位は低めです。また、二酸化炭素排出量でも日本は最上位集団に属します。

なお、大気中の二酸化炭素濃度について、氷期は180～200ppm、間氷期は280ppmというリズムを、過去80万年繰り返してきましたが、現在の400ppmという数値は過去80万年で最高値です。

格差社会

重要度 ★★★★★

質問例

「日本社会の格差問題について、例を挙げて
あなたの考えを述べてください」

★格差問題を社会問題としてとらえる視点がない

ダメ回答 ①

所得格差は自己責任だと思います。

ダメ出しポイント

さまざまな「格差問題」のなかから「所得格差」という例を挙げた点はグッド。しかし、所得格差を「自己責任」と断定し、社会的な取り組みによって解決すべき問題だとは考えていない姿勢は評価できません。近年では、そのような「格差問題自己責任論」の傾向が強まっています。社会科学系をめざす受験生であれば、それを問題点として指摘してほしかったところです。

もちろん、子どもが「自分の成績が振るわないのは親のせいだ」などと言って努力を怠り、よくない結果をみずから招いているのであれば、それは自己責任です。もし社会を構成するすべてのメンバーが同じ環境下にあるのであれば、たとえば所得額の大小はおもに本人による努力の有無で決まるため、自己責任が成立しえます。しかし実際には、個々人が置かれている環境はまったく異なります。その結果、親の経済力などの生まれついた境遇が教育をはじめとするさまざまな環境に影響を与え、個々人の可能性に著しい格差を生み出しているのです。近年は、子どもの人生は遺伝的要素も含めて親しだいという悲観的な「親ガチャ」の考え方が若い人たちのあいだに蔓延し、一種のニヒリズム（虚無主義）を生み出しています。

しかし、遺伝や親の所得によって子どもの将来が決まってしまうような世の中は、フェアネス(公平さ)を欠くいびつな社会です。現在、多くの国で、さまざまな人びとに機会を開き公正さを実現する試みが行われています。

★男尊女卑を正当化してしまっている

ダメ回答 ②

男女格差の例を挙げます。男女平等の指標であるジェンダー・ギャップ指数において日本は先進国のなかで最低レベルにあると指摘されますが、男女の位置づけについて、日本には固有の歴史と伝統の文化があります。したがって、欧米基準である男女平等を日本にあてはめることは間違いだと思います。

ダメ出しポイント

保守主義の立場を採る政治家などを中心に、こういう意見を表明する男性は、いまでもけっこういますね。この種の発言の背景としては、男性である自分が女性に対して優位だと考えていること、および発言者自身が既得権益を享受する立場にいること、などが考えられます。このような人たちは、「固有の歴史と伝統の文化」という言葉によって、既得権益への執着と、みずからの立場に対する保身を露呈しています。女性が、個性や能力や努力などをいっさい考慮されず男性側から不利益を被っている、という現実に対して想像力がまったくはたらいていません。この回答は、20世紀後半以降における女性の権利獲得・拡大の考え方である**フェミニズム**に対する無学をさらけ出してしまっています。世界経済フォーラムから発表された2023年のジェンダー・ギャップ指数における日本の総合順位は、146か国中125位です。日本は、男女格差が激しい国なのです。

とはいえ、男女平等は、日本だけでなく、欧米諸国でもまだ完全には達成されていません。女性の権利獲得のための闘争は、いまも続いています。女性差別はそれほど根深いものなのです。

合格回答はこれだ

★教育費の公的負担と私費負担という視点から述べられている

合格回答①

所得格差の拡大や格差の固定・世襲が子どもの教育格差につながっていることは問題だと思います。しかも、日本では教育費の公的負担より私費負担が大きくなっているのに、教育格差を自己責任だと見なす人が増えていることも、深刻な問題だと考えます。

評価できるポイント

現代の日本社会で進んでいる「親の経済力格差拡大」と「子どもの教育機会格差拡大」に関する状況をよくとらえています。社会学者の山田昌弘氏は、このような状況を「希望格差社会」と表現しています。

各国が政策・予算レベルでどれだけ教育に力を入れているか、とくに家庭の経済力・所得任せにせず多くの子どもたちの公平な教育機会実現に向けどれだけ力を入れているのかを比較する「教育機関への公的支出割合」という指標があります。これは、国や地方自治体による教育機関への公的支出の総額を、その国のGDP（国内総生産）の総額で割った値です。2019年におけるこの数値で、日本はOECD（経済協力開発機構）諸国中ワースト2位でした（37か国中36位）。

同様に、大学や大学院に在籍する学生1人あたりの教育支出私費負担割合も、日本はOECD加盟国平均よりもはるかに高い数字で推移しています。地方自治体による貧困家庭の児童への学習支援に関する取り組みも遅れていて、すでに実施している地方自治体よりも、実施の予定そのものがない地方自治体のほうが多い、という実態があります。

地下資源に恵まれず平地面積も小さい日本は、かつては「教育立国」をめざしていました。人材こそ資源であり、公平ですぐれた教育によってすぐれた人材を輩出し、国をなり立たせていこうという考えをもっていたのです。しかし、現在の状況を見る限り、それは単なる掛け声に終わりました。

家庭の財力によらず全員が望む教育機会を得て、ビジネスパーソン、公務員、研究者、国会議員・市議会議員などになれる社会の実現は、だれにとっても利益となるはずです。ところが、教育格差への意識を問う世論調査で「所得の多い家庭の子どもほどよい教育を受けられるという傾向は問題だと考える」と回答した人は、近年は減少傾向にあります。教育格差を社会問題視しない人が増えているという事態はとても深刻です。実際には、親の所得格差が子の所得格差にどれだけ反映しやすいかの指標「グレート・ギャッツビー・カーブ」（米国の経済学者アラン・クルーガーの命名）では、日本はOECDのなかで上位になっています。

★男女格差が解消されない場合のデメリットが述べられている

合格回答②

日本社会で男女格差の解消が進んでいないことは、人権の保障が危うくなるという点だけでなく、日本の経済力の停滞につながっている点でも問題だと考えます。

評価できるポイント

1990年代から現在に至るまで、日本のGDPの成長率はほぼゼロです。多くのエコノミスト（経済学者・経済の分析家）が、その原因を、企業が女性のキャリアを生かしきれていないという点にあると指摘しています。近年の四年制大学進学率は55％前後で推移し、男女格差はさほど顕著ではないのに対して、就職と昇進では大きな格差があるからです。企業における課長クラスの女性比率は11.6％、部長クラスは8.0％（いずれも2022年）です。これでは、女性による多様で柔軟なアイディアによって世界市場で競争するという状況は生まれません。消費者の半分は女性なのですが。

第6節 専門的な質問と回答パターン

テーマ21 日本的経営

重要度 ★★★★★

質問例

「職能給ではない年功序列型賃金制など、日本的経営とも呼ばれるしくみについてどのように考えますか」

ダメな回答はこれだ

★回答が、数々の誤解にまみれている

ダメ回答①

欧米的な職能給は、日本には適さないと思います。一方、年功序列型賃金制は日本企業の伝統であり、日本の国際競争力を支えていると考えます。

ダメ出しポイント

勤続年数や年齢によって賃金が上がっていく年功序列型賃金制が日本の企業に定着するのは1960～70年代であり、「伝統」というにはあまりに歴史が浅すぎます。この時期には、人口が農村から都市へと移動し、主要産業も第一次産業から第二・三次産業へと移行しました。圧倒的に農業人口が多かった時代、つまり主要産業が第一次産業であった時代には、女性も男性と対等に労働者として働いていました。しかし、1960～70年代には専業主婦が増え、「男性は外で働き、女性は内（家）で家事・育児を担当するものだ」という「性別役割分担意識」が定着しました。

1970～80年代には、日本の国際競争力と、年功序列型賃金制のような日本的経営が結びつけられて全世界からの注目を集めました。しかし、2023年に発表された「世界競争力ランキング」で、日本は64か国中35位という位置にあります。この事実からは、年功序列型賃金制が「日本の国際競争力を支えている」という説明には説得力がないとわかります。

★年功序列型賃金制は「ぬるま湯」なのか？

ダメ回答 ②

年功序列型賃金制は競争がない「ぬるま湯」であり、日本経済停滞の主原因だと考えます。

ダメ出しポイント

たしかに、従業員の職務遂行能力に応じて賃金を定める職能給との比較から年功序列型賃金制は、「競争がない『ぬるま湯』」だといわれることがよくあります。ただし、年功序列型賃金制のとらえ方としてはやや踏み込み不足です。

著名な経済学者である猪木武徳氏は、著書である『自由と秩序――競争社会の二つの顔』（中公文庫）のなかで、年功序列型賃金制の特徴として、時間をかけた競争である点、すぐには成果が上がらないけれどもだれかが引き受けなければならないような仕事（クレーム対応など）を組み込み、全体として効率を上げようとするしくみである点を挙げています。たしかに、課長や部長などの管理職になるためには「ぬるま湯」ではない競争を勝ち抜く必要があります。また、能力評価・成果主義になじまない仕事も、組織にとっては必要です。なお、この年功序列型賃金制と能力給との比較は、慶應義塾大経済学部の一般選抜小論文のテーマとしても出題されています。

合格回答はこれだ

★年功序列型賃金制の問題点を冷静にとらえている

合格回答 ①

仕事の質より組織内での継続を重視する年功序列型賃金制は、育児休業をとりにくくさせ、妊娠・出産・育児を望む女性の雇用や昇進を阻（はば）みやすいという点に問題があると考えます。

評価できるポイント

この回答は、素朴な全肯定でも全否定でもなく、年功序列型賃金制がもつ抑圧的な側面を指摘し、冷静に分析できています。

日本における男性の育児休業取得率（2021年）は13.97％です。しかも、取得者の約半数が1週間以内の休みしかとっておらず、育児に必要な期間を十分に確保しているとはとてもいえない状況です。

育児・介護休業法は育児休業を労働者の権利として定めていますが、職場への遠慮やキャリア中断への恐怖から休業を申請しない男性が多いのです。このような事態が改善されない限り、日本における少子化は加速する一方です。なお、フランスでは、2週間の育児休業を社員に取得させることが企業に義務づけられています。このような法的措置により、フランスは出生率の上昇に成功しています。

★新卒採用の問題点が指摘できている

合格回答②

年功序列型賃金制などの日本的経営は新卒一括採用とも結びついており、就職活動が大学での学びを阻害しています。これは、大きな問題だと思います。

評価できるポイント

日本には、企業が卒業予定の学生（新卒者）を対象として年度ごとにまとめて求人し、在学中に採用試験を行って内定を出して、卒業後すぐに勤務させる新卒一括採用というしくみがあります。就職活動は決められた解禁日からいっせいに始まるため、就職活動期間中に大学の授業を欠席する学生が続出するという問題が起きています。しかし、このことを取り上げるマスコミは多くありません。なぜなら、テレビ局や新聞社などのマスコミ各社がまさにこのような採用活動を行っているからです。

このような新卒一括採用、年功序列型賃金制、および新卒から定年までの勤務を保障する終身雇用制は、人材囲い込みのための手段です。たしかに、これらのしくみには安定・安心・信頼を与えるメリットがありますが、社会における労働流動性の硬直化をもたらします。近年やっと、大企業によって組織される利益団体の日本経団連がこのしくみを批判し始めました。

1990年代後半、バブル崩壊後の不況下では、50代の男性の自殺者が増えました。自殺者の多くは、能力によらない年功序列型賃金制で昇給したもののリストラの一環として解雇され、路頭に迷った人たちだとされています。このなかには、安定したしくみに守られ、ビジネススキルを磨くことに熱心ではなかった人たちが含まれている可能性があります。

★日本的経営の前提が崩壊した点を指摘している

合格回答 ③

日本的経営は、日本の人口増加時期に定着し、今後も人口が増加していくことを前提とするしくみです。しかし、日本は人口減少に入っているため、その前提はすでに崩壊しています。

評価できるポイント

新卒一括採用も年功序列型賃金制も、1960～70年代前半までの高度経済成長の時期に、多くの労働力（当時は、大卒者よりも高卒者が中心）を確保する手段として確立された雇用慣行です。この時期の人口増は、新卒者の大量供給を可能にしました。また、後続世代の人数が多いからこそ、先行世代は昇進や昇給が可能だったわけです。しかし、現在の日本は人口減に転じ、少子化の影響により新卒者数も激減しています。この回答の指摘どおり、人口増という日本的経営の前提条件はすでに崩壊しているのです。

テーマ22 自由と人権の普遍性

重要度 ★★★★★

質問例 「自由と人権は国によって考え方が違ってもよいものでしょうか、それとも世界的に普遍的なものだと考えますか」

ダメな回答はこれだ

★社会科学的な視点が欠如している

ダメ回答①

心理学や脳科学の視点では、人間の言動は深層意識の強い影響下にあります。ですから、人間には自律的に自己決定する自由があると考えることは幻想です。

ダメ出しポイント

人文系で扱う心理学や脳科学によるアプローチとしてはこのような意見にも説得力はありますが、社会科学系面接の回答としてはやや的はずれです。社会科学系志望者であれば、政治的・法律的・歴史的な視点、および現代の国際社会を観察する視点から、自由と人権に対する考察を進めましょう。

★西欧発なら普遍性はないのか？

ダメ回答②

自律的に自己決定できる自由と人権を守ろうとする発想はあくまで西欧発の思想であり、東洋の国である日本でも通用するような普遍性はないと思います。

ダメ出しポイント

回答で述べられている「自由と人権を守ろうとする発想」はたしかに近代西欧において発展しましたが、だからといって日本や中国のような東洋の国に適用できるような普遍性はない、と断定してもよいのでしょうか。

たとえば、古代インド発祥の「ゼロ」の観念は地域限定でしょうか。微分・積分というニュートンやライプニッツの業績はどうでしょうか。これらは、ある地域で生まれ、長い年月と幾重もの洗練をへて普遍性を獲得してきました。自由と人権も同様です。西欧で生まれて以降、「女性」に適用されない、奴隷が「人間」と見なされないなどの問題を、人びとのたゆまぬ努力で解決しながら今日に至っています。さらにいうと、自由と人権をすべての人びとに適用しようとする試みは、現在でも継続中です。

合格回答はこれだ

★「自由と人権」の対象範囲が明確に絞られている

合格回答①

だれもみずから望まない奴隷労働を強制させられない自由と人権には、世界全体に適用される普遍性があると思います。

評価できるポイント

「奴隷労働を強制させられない自由と人権」と、「自由と人権」の対象範囲を絞り込んだことによって説得力が生まれています。

19世紀英国の哲学者であるミルは、『自由論』という著書のなかで、「直接他者に危害を加えたり犯罪を起こしたりするのでなければ何をしても制限されない（とくに、政治権力による制限は排除する）」という徹底した自由主義を展開しました。これを「他者危害原則」といいます。そこまでの自由を認めるかは賛否が分かれますが、この回答の仕方なら普遍性がありそうです。事実、日本も世界人権宣言や国際人権規約にサインしています。

★国際的な取り組みの必要性が指摘できている

合格回答②

　自由と人権は世界的で普遍的であるべきだと私は考えますが、現実に存在する国のなかにはこれらを制限するところもあります。日本はこれらを見のがさず、このような国に改善を迫る必要があると考えています。

評価できるポイント

「だれもみずから望まない奴隷労働を強制させられない自由と人権」には普遍性があると述べました。しかし現実には、そのような普遍性を認める自由主義国家だけでなく、権力者を批判する自由を与えず、もし批判した場合には批判者の人権をはく奪するという権威主義国家も複数存在します。もし自由主義国家がこのような事態を放置してしまうと、権威主義国家がジェノサイド（大量虐殺（ぎゃくさつ））を起こす可能性があります。

　他国の体制には立ち入らないという考え方を「内政不干渉」といいます。たしかに、この考え方にもとづいて他国を尊重することは大切です。しかし、もしその他国で人権が危機にさらされている場合には干渉が必要です。実際、国際社会や人権団体からの批判を受けた中国は、死刑囚からの移植医療の臓器摘出の停止を表明しています。なお、日本も、出入国在留管理局施設での外国人死亡事案などで批判を受けています。

　人権保護のための手段には、軍事的出動もあります。たとえば、国連による**PKO**（平和維持活動）では、小規模軍隊または軍事監視団が現地派遣され、ジェノサイドを防止します。また、ユーゴスラヴィア紛争では、セルビア政府による非セルビア系住民に対する虐殺を食い止めるために**NATO**（北大西洋条約機構）が軍事介入し、イタリア空軍の戦闘攻撃機などがセルビアの政府機関や軍事施設に対して空爆を行いました。

　どんな目的であっても軍事力の行使を全面否定する意見がある一方、手をこまぬいているだけでは平和構築・人権保護は不可能だという意見もあります。テーマ18と合わせて考えてみましょう。

★監視社会における治安悪化の不安加速が指摘できている

合格回答③

「権利のための闘争」という言葉もあるように、自由と人権は歴史を通じて人びとの努力によって普遍化されてきました。一方、現代では、防犯カメラやITを駆使した防犯システムで自由を制限する方向も見られます。こうした変化については、貴学入学後も考えていきたいと思います。

評価できるポイント

日本では、防犯カメラの設置台数が増加し続けています。世論調査によると、防犯カメラの設置は圧倒的多数によって支持されています。「治安は悪くなっていると思うか」という問いにもやはり圧倒的多数の人が「そう思う」と回答しています。実際には殺人認知件数、刑法犯罪件数、少年による凶悪事件件数のいずれも減少傾向にあるのですが、メディアの影響やミーイズム（私生活中心主義）、相互不信感の増大などが治安悪化への不安を加速させています。

これまで人びとは強大な権力に対する闘争の結果、自由と人権を拡大させてきました。一方、現代人は、みずからの自由を制限してでも不安を解消したいと願っています。自分が監視される不快よりも犯罪に遭う不安のほうが強いからです。私たちは自由をめぐる分岐点に差しかかっています。

こんな質問もある

◆性的マイノリティの人権についてどう考えますか。
◆法律の厳罰化傾向、および治安の維持をテクノロジーにゆだねようとする傾向について、どう考えますか。

地域・ローカル・少子高齢社会

重要度 ★★★★★

質問例
「大都市部ではない地方の問題をあなたはどう考えていますか。例を挙げるとともに、その対策も答えてください」

★従来タイプの地方活性化施策を挙げてしまっている

ダメ回答 1

若い年齢層の人口流出が問題だと考えます。大企業を誘致する対策が有効だと思います。

ダメ出しポイント

この回答は、日本における「地方の再生」「地方の活性化」「まちづくり」への対策として、政府と地方自治体が長らく取り組みながら成果が出ていない施策を挙げてしまっています。地方がかかえる問題・事情・可能性への取り組みについては、すでに多数の、また多様な失敗事例と成功事例があるはずです。これらを、地方自治体、地域住民、政策系などの社会科学系学部をもつ大学、まちづくりを担うNGOなどが共有していくべきです。回答のように、大企業の事業所や工場あるいは大学を誘致すれば成功すると考えることはあまりに楽観的です。なお、不祥事が起こるたびにしばしば指摘されるように、政府機関には、批判をかわすために資料を残したがらない、あるいは残した資料をある時点で廃棄してしまうという悪習があります。過去から学ぶしくみをつくることが重要です。また、大学は「客寄せ」ではなく、知的創出の役を果たすべきでしょう。

★地方は「楽園」なのか

ダメ回答②

地方には、過疎化、少子高齢化などの問題があります。一方で、近年、若年層の「田園回帰」が見られることはこれらの問題解決策として明るい希望だと考えます。

ダメ出しポイント

たしかに近年、地方での暮らしを理想とする「田園回帰」が若年層のあいだに広がっているというニュースがメディアでよく紹介されます。しかし、社会科学系志望者としては、このような現象は一時的なトレンド（流行）にすぎず、「問題解決策」にはならないのではないか、という批判的な目ももちましょう。この回答は、そのような視点がなく一面的です。

過去には、旧国鉄（日本国有鉄道、現在のJR）が、「ディスカバー・ジャパン」というキャッチコピーによって個人旅行客の増大を目的とするキャンペーンを行いました。その結果、過疎地域に若年層が殺到した一方、勝手なイメージづけにより「消費」され、街が荒れるという弊害も起きました。これは、観光公害、オーバーツーリズムとして観光地で現在起きている事態でもあります。

若年層による田園回帰をめぐっては、「都市部での生活で失われた人間らしさを取り戻せる場所」「経済的な物差しでは測れない、人とのつながりを強く感じられる豊かな暮らしがある場所」などの表現をよく見かけます。しかし、もし地方がそのようなユートピアであるならば、そもそも大都市部への人口流出は生じていないはずです。

「人とのつながり」が強いことは、村落共同体的なしがらみや因習による縛りが強いことと表裏一体です。多くの地方で見られるそのような風潮に耐えられず大都市部に出ていく若年層の存在を見のがしてはなりません。

合格回答はこれだ

★地方の潜在可能性に触れられている

合格回答①

地方は、人口流出と、地域社会の持続可能性という問題をかかえています。これからは、大都市部からだけでなく海外からも人を呼び込めるように、官庁・企業・住民・大学・NGOが協働して、もともと地域がもっている魅力や可能性をアピールする対策が重要だと思います。これは、私が貴学で取り組みたい課題です。

評価できるポイント

多くの場合、企業を誘致してもその地域の持続可能性にはさほど貢献せず、企業の本社がある大都市部にお金が落ちるだけです。また、せっかく誘致した大学が定員割れを続け撤退を余儀なくされるという事例も少なくありません。地方自治体が投入した予算を回収できず損失が出てしまうという例も、枚挙にいとまがありません。これらを踏まえ、外から大学を呼び込むよりも、むしろその地域にもともと存在する大学の地域学部や政策学部から知恵を出してもらうほうがよほど有効ではないでしょうか。

島根県の隠岐諸島にある海士町は、「ないものはない」という町の特徴を逆手にとり「海士町にしかないもの」を対外的にアピールする戦略をとることによって、国内外からたくさんの留学生や体験学習生を集めています。各組織・団体による協働の成功事例です。

★地方がかかえる医療問題に踏み込んでいる

合格回答②

地方ほど高齢者割合が高まり、医療機関依存も高まる一方で、医療施設や医療関係者の絶対数が不足しているという問題があります。IT化によるオンライン診療の導入は有力な可能性の1つですが、それだけで解決できる問題ではありません。

評価できるポイント

日本には、離島を中心として、常勤医も非常勤医もいない「無医地区」が存在します。このような医師不足をオンライン診療の導入だけで解消しようと考えることは、この回答が指摘するようにあまりに単純すぎます。医師人材を地道に確保していく取り組みが必要です。実際に、日本の無医地区は着実に減少しています。また、医学部医学科の入学定員増という施策も行われています。

「IT化による可能性を追求すること」と「IT化で代替すること」は別物です。医療には、IT化が不可能な領域があります。一方で、たとえば患者を救急搬送する際の病院の受け入れ可能状況の可視化や、看護師資格を有しながら医療職に就いていない潜在看護職員のネットワーク化、非常時における応援要請のしくみのデジタル化などは、IT化が可能だと考えられます。

コロナ禍以降テレワークが進み、大企業が大都市部にオフィスをかまえ続ける必然性、およびそうした企業に勤める人が大都市部に住み続ける必然性が小さくなりました。かといって、このような大企業が地方に移転したり、大企業勤務者が地方に移住したりするという甘い夢を見ていてよいのでしょうか。先ほど述べたとおり、地方はけっして「楽園」ではないからです。

そうではなく、地方におけるIT化推進とIT活用により、そこに住む人の利便性を向上させて、人口流出を防ぐ方法も考えたほうがよいはずです。

こんな質問もある

◆あなたがまちづくりに関してできることは何ですか。
◆市町村合併のプラス面とマイナス面をそれぞれ説明してください。
◆ローカリゼーションとグローバリゼーションの違いを説明してください。

テーマ24 資本主義

重要度 ★★★★★

質問例

「資本主義という経済のしくみについて説明してください」

★説明を放棄してしまっている

ダメ回答 ①

うまく説明できません。

ダメ出しポイント

社会科学系の受験生が「資本主義」についてまったく何も語れないというのは困りものです。大学入学以降は、さまざまなテーマについて教員や学生と議論しなければなりません。この場合には、たとえ知識不十分であっても口火を切る必要があります。たとえば、「資本主義は資本主義経済・市場経済とも言い換えられ、一般に社会主義や共産主義の対義語と考えられます」「マルクスが『資本論』で体系的に分析した経済のしくみです」などという程度のことは言えるはずです。高校の地歴・公民科目の教科書に載っていることくらいは理解して、なんとか言葉を紡(つむ)ぎ出す姿勢を見せましょう。

合格回答はこれだ

★勉強した痕跡(こんせき)がうかがえる

合格回答①

工場などの生産手段について、国有ではなく私有を認めるという私有財産制を前提とするしくみです。また、このしくみでは、利潤を自由に追求することが認められています。

評価できるポイント

回答の内容はすべて高校までに習った範囲から述べられています。この程度で十分です。

『広辞苑　第四版』（岩波書店）によると、資本主義（資本主義経済）とは、「商品生産が支配的な生産体制になっており、あらゆる生産手段と生活資料とを資本として所有する有産階級（資本家階級）が、自己の労働力以外に売るものをもたない無産階級（労働者階級）から労働力を商品として買い、それの価値とそれを利用して生産した商品の価値との差額（余剰価値）を利益として手に入れるような経済組織」です。

これは、ほぼマルクスによる説明を下敷きにしています。資本主義を準備する条件は、労働主体（労働者）が「自由」「無制約」の状態にあることです。生まれた土地に縛られ、そこの自然条件しか生産活動に使えない状態では、資本主義は生まれません。資本主義は、生まれた土地の制約を超えて都市や工場などで労働力を売ることができる（あるいはそうするしかない）状態になってはじめて生まれるのです。

著名な社会学者の見田宗介氏は、『現代社会の理論：情報化・消費化社会の現在と未来』（岩波新書）という本のなかで、現代の資本主義にはマルクスの時代とは異なる側面があると強調しています。

現代の資本主義の特徴は、「欲望の主体」（消費者）の自由です。現代は、生まれた場所で生産される商品を買うしかない時代ではなく、欲望は無制約で世界中の商品を買うことができる時代です。たとえば、「日本に生まれたから和食を食べるしかない」という制約はありません。現代の日本では、（お金があれば）世界中の料理を自由に食べられます。一方、社会主義における統制経済の下では、そうした「欲望」の自由はありません。

★着眼点が鋭い

合格回答②

経済活動のさまざまな自由を前提とするしくみであるとともに、必然的に所得格差を生み出し、その格差を拡大させてしまうしくみでもあります。

評価できるポイント

資本主義がもたらす所得格差に注目した説明がグッド。現代文や小論文でよく出題される山崎正和氏は、資本主義における市場経済では、所得の不平等を是正するための所得移転政策である**所得の再分配**ができない点を指摘しています。

企業が労働者に賃金を支給すること、あるいは事業に成功した人が高い報酬を得ることなどは所得の分配であり、資本主義の役割です。また、所得の分配には、業績不振に陥った企業が賃金を下げることや、事業に失敗した人が多額の借金をかかえ込むことも含まれます。

所得の再分配の代表的な事例は、**累進課税制度**（るいしん）と**公共事業**です。累進課税制度は、所得が多くなるにつれて高い税率が適用される課税制度です。公共事業は、国や地方自治体が実施する公共的な建設・復旧事業です。

税負担の公平性を保つための累進課税制度でも、人びとの手取り金額（実際に受け取れる金額）が全員同じという「結果平等」は実現しませんから、所得格差が生じます。資本主義あるいは市場自体は、この格差が進むことに対してなすすべがありません。そこで、市場任せにせず、国や地方自治体が介入して所得格差を緩和するため、所得の再分配を行うのです。

★資源や環境問題と関連づけられている

合格回答③

自由な商取引と市場での競争を原理とする経済のしくみです。しかし、自然を利用可能な資源と見なすため、有限な資源を枯渇させ環境破壊をもたらすという側面があります。

評価できるポイント

形式的な資本主義の説明ではなく、現代の問題と未来の問題を結びつけて説明できています。

先ほども紹介した山崎正和氏によれば、資本主義の市場経済は「未来への配慮」ができません。「利用可能な資源を使い尽くさず未来世代のために確保しよう」とか、「CO_2（二酸化炭素）や産業廃棄物を抑制し、未来世代へのツケを残さないようにしよう」などの配慮は、資本主義の論理からは出てこないと、山崎氏は主張します。

資本主義のもとでは、違法に奪った土地ではない、お金を払って合法的に手に入れた土地（私有財産）で何をどれだけ使おうが自由です。しかし、そのような行為を容認してしまうと、環境破壊が進む一方です。国内外における環境破壊抑止策が必要です。

国内における施策としては、法律の制定、行政レベルでの介入が考えられます。国際的な取り組みとしてはすでに、温室効果ガス排出削減義務を課す**京都議定書**や、それに代わる**パリ協定**などの枠組みが成立しています。もっとも、資本主義側の論理からの抵抗を受け、こうした国際的な枠組みで課された目標を達成するめどは立っていません。

ちなみに、国内では、民間企業による地下水の取水を地方自治体が制限したという事例や、漁業資源の枯渇を防ぎ持続可能な漁業を実現するために、地方自治体と漁業協同組合などが協力し数年間の禁漁を達成したという事例があります。このような取り組みは、資本主義によるいきすぎた「欲望の自由」を規制する試みだといえます。

新型コロナウイルス感染症

重要度 ★★★★★

質問例

「感染症対策について、あなたの考えを述べてください」

ダメな回答はこれだ

★自分とのかかわりに触れていない

ダメ回答①

政府によるしっかりした対策が求められると考えます。

ダメ出しポイント

たしかに、政府の仕事は国民の税金を原資とし、政策を立案・実行して国民を守ることです。しかし、この回答は、学問への関心や職業への関心にもとづいて対策が述べられていない、すなわち、自分とのかかわりに触れておらず当事者意識が感じられないため不十分です。

★社会的な広がりにつながっていない

ダメ回答②

私は手洗い、消毒、うがいを徹底して行っています。

ダメ出しポイント

この回答は、自分とのかかわりには触れられていますが、社会と結びついていない内容であるため、広がりがありません。この質問に対しては、自分とともに政府の役割、地方自治体の役割、民間企業やメディアの役割、あるいは市民の役割など、社会的な視点による対策を述べるべきです。

合格回答はこれだ

★職業への関心にもとづいた対策が述べられている①：メディア

合格回答①

私は将来、メディア・報道関係の仕事に就きたいと考えています。その視点からすると、メディアは、政府に対する政策批判だけでなく、感染症対策で果たす自分たちの役割に自覚的であるべきで、風評被害を助長するようなことはあってはならないと思います。

評価できるポイント

メディア志望という職業への関心にもとづいて回答できていてグッド。

メディアには、権力のチェック、すなわち政府に対する批判や検証を求める提言などの機能があります。これは、政府が国、社会、国民に対して有害な行為、国益を損なう行為を犯さないよう監視することです。メディアによる政府批判を「反日」などと考えることは短絡的すぎます。歴史学者アクトンによる「権力は腐敗の傾向がある。絶対的権力は絶対的に腐敗する」という言葉を銘記してください。

感染症対策としてメディアが果たすべき役割と担うべき責任として考えられるのは、たとえば「必要以上に視聴者・国民の不安をあおらない」「感染者の特定に加担しない」「風評被害を助長しない」などです。

★職業への関心にもとづいた対策が述べられている②：学校教育

合格回答②

社会科教員志望なので、学校教育の視点から考えてみたいと思います。児童・生徒に対しては、学校側・教員側から感染症に関する正しい知識やメディアによる報道への向き合い方を教えることが大切です。また、そのような情報を家庭とも共有していく必要があります。さらに児童・生徒から感染者が出てしまった場合には、差別やいじめにつながらないよう配慮することも必要です。一方、感染症対策を実施しながら授業を運営し、児童・生徒の教育機会を奪わない努力と工夫も重要だと考えます。

評価できるポイント

社会科学系学部出身の教育関係者が当事者としてできることが指摘できていて、グッド。感染症対策に配慮しつつ教育を継続していくことはきわめて重要です。

感染症対策以外にも、学校から児童・生徒経由で家庭とも共有されるべきことの1つに「環境教育」があります。たとえば北海道では、狩猟で使われた散弾銃が含む鉛によってもたらされた環境や生態系への被害に関して、学校と児童・生徒経由で大人にも理解が広がった結果、無鉛銃弾への転換が進んだという事例があります。このように、教育には大きな社会的意義があるのです。

★回答が学問への関心にもとづいている①：政治学

合格回答③

歴史学者である磯田道史氏の著書『感染症の日本史』を読みました。発売当時の首相も読んだという本です。過去にも、人類はペストをはじめとする感染症と闘ってきました。日本では大正時代に通称「スペイン風邪」と呼ばれる感染症の何波にもおよぶ流行を経験しています。私は、貴学で政治学、とりわけ政策史を学びたいと考えています。歴史から得た知見にもとづいて政治学が感染症対策において重要な役割を果たすことは可能だと思います。

評価できるポイント

回答のように、政治学や政策学が歴史から学ぶ余地は大きいと考えられるのでグッド。また、関心分野の本を読んでいることもアピールできています。

ドイツ統一の功労者でありプロイセン宰相だったビスマルクは、「愚者は自分の経験に学び、賢者は歴史に学ぶ」と語っています。「市民の不安からどのような2次的悪影響が起こりうるか」「都市封鎖の成功例と失敗例にはどのようなものがあるか」などの問いの答えは、すべて歴史のなかにあると言っても過言ではありません。ワクチンや治療薬の開発だけが感染症対策ではありません。

★回答が学問への関心にもとづいている②：社会心理学

合格回答 ④

感染者は、病気そのものだけでなく、孤立や差別、休職・離職・解雇などの不安にも苦しんでいます。私は、社会心理学が採りうる感染症対策として、感染者へのフォローやケアがあると考えます。

評価できるポイント

社会心理学という学問への関心と知見にもとづいた感染症対策が指摘できています。この回答は、ほかの学問への関心からだけでは気づかない視点を含みます。やはり、興味のある分野からの発想が最強ですね。

こんな質問もある

◆新型コロナウイルス感染症拡大に関して政府が実施した対策にはどのようなものがありましたか。
◆コロナ禍が日本経済に与えた変化について説明してください。
◆あなたがコロナ禍において考えたことを話してください。
◆あなたが志望する学問分野が感染症対策として果たすべき役割と責任について説明してください。

コシバからのアドバイス

関連データを挙げます。

2020 年 1 月から 2023 年 5 月までの期間における、世界全体の新型コロナウイルス感染症（COVID-19）の感染者数は約 7.6 億人、死者は約 692 万人でした。同期間における日本国内の感染者数は、約 3,380 万人、死者は約 7.5 万人でした。

また、エイズ・結核・マラリアは世界 3 大感染症として知られています。世界全体のマラリアの感染者数は、毎年 3 億～ 5 億人で、うち約 100 万人が死亡しています。

第7節 個人面接

法学系の面接

重要度 ★★★★★

設　定

試験官	A：進行役／B・C：細かい質問役
受験生	Dさん：弁護士を志望している。
試験時間	10分

この面接での志望理由以外の質問

◆卒業後の進路／学部・学科の特徴にかかわるもの／入学後の学び

面接の事例

試験官A　❶法曹をめざしているようですが、法科大学院に行き、司法試験を受けることを考えているのでしょうか。

Dさん　❷広範な教養をもち、具体的な社会問題解決に貢献する弁護士になりたいので、予備試験は受けず法科大学院に進むつもりです。

試験官B　どのような社会問題解決の貢献ですか。

Dさん　❸起業する人やNGO・NPOを立ち上げようとする人に対して法律サイドから支援できる弁護士です。日本では企業の廃業率が低い一方、新規企業の開業率もほかの先進国と比べて低いので、志のある人を法的にバックアップすることが社会貢献につながると考えます。

試験官C　関心分野で読んだ本は、何かありますか。

Dさん　❹大村敦志氏の監修書『ロースクール生と学ぶ　法ってどんなもの？』と、伊藤真氏の著書『中高生のための憲法教室』です。法律という社会的ルールが必要な理由を正しく知ることができ、法学部で学ぶことや法科大学院へ行くことの具体的イメージが固まりました。

試験官B　本学で注目している授業は何ですか。

Dさん　⑤「会社法」「知的財産法」「著作権法」「企業の法的責任」などです。そうした分野に強みをもつ、特徴のある弁護士になりたいと考えているからです。

回答へのコメント

➡❶：弁護士・検察官・裁判官など法律の実務の専門家である**法曹**になるためには**法科大学院（ロースクール）**進学が基本ですが、法科大学院修了者以外でも受験可能な**予備試験**に合格すれば、法科大学院に進まずに**司法試験**を受験することが可能です。

➡❷：○　法科大学院の目的は、単なる「試験秀才」ではない、幅広い教養を身につけた法曹人材の養成にあります。なお、法科大学院は、一般的に「法務研究科」という名称を採用しています。これは、法律研究者（大学教員）の養成をめざす「法学研究科」とは別物です。

➡❸：◎　踏み込んだ質問にしっかり対応できています。「開業率」とは総企業数に対する新規成立企業の割合をさし、日本における2020年度の数値は4.4%です。ここからは、日本では起業が不活発であることがわかります。

➡❹：○　読んだ本について簡潔にコメントできていてグッド。

➡❺：○　弁護士の「将来像」としてみずからの個性や強みが表現できている点がグッド。また、その「将来像」と結びつく授業名が挙げられている点もグッド。

コシバからのアドバイス

学部・学科の特徴にかかわるやや専門的な質問に対応するためには、関心分野と関連学問の輪郭をつかんでおくことが大切です。

第7節 個人面接

政治学系の面接

重要度 ★★★★★

設　定

試験官	A：進行役／B・C：細かい質問役
受験生	Dさん：政治制度の改革に関心がある。
試験時間	10分

この面接での志望理由以外の質問

◆卒業後の進路／研究計画／知識事項

面接の事例

試験官A　❶政治制度の改革に関心があるとのことですが、その関心を具体的に説明してください。

Dさん　はい。❷一票の格差を放置せず解消するにはどうすればよいか、また、選挙制度は現行の小選挙区制や比例代表制のままでよいか、議員報酬のあり方はこのままでよいか、などという点に関心をもっています。

試験官B　❸現行の選挙制度について、どのような点に疑問を感じていますか。

Dさん　はい。❹政権交代を可能にするしくみとして小選挙区制が導入されたはずですが、現実としてはそのように機能していないのではないかという疑問です。また、小選挙区で落選した大物候補者が比例区で復活当選するなど、権力の集中を抑制する機能や、よくない議員に交代を迫る機能が果たせていないのではないかという疑問もあります。

試験官C　卒業後の進路はどう考えていますか。

Dさん　❺政治学科で身につけた知識を生かして、現行の選挙制度を改革するために国会議員をめざすかジャーナリストをめざすかを、今後具体的に考えていきます。

回答へのコメント

➡❶：試験官は、この質問によって、志望理由書に記載された詳細を尋ね、受験生による学問への関心がどの程度強いかをはかろうとしています。

➡❷：○　具体的に説明できていてグッド。

➡❸：いわゆる「深掘り質問」です。この質問が出てくるのは、試験官が受験生に興味をもった証拠です。

➡❹：◎　関心分野について詳細に回答できています。

➡❺：○　自分の関心分野における学びを生かした進路の選択肢が複数挙げられている点がグッド。

コシバからのアドバイス

選挙制度をめぐっては、政治学者たちのあいだで以下のような議論が行われています。

まず「年代別選挙区」構想です。通常は、東京1区や兵庫3区など地域別に立候補者が出て、そこから選ばれます。これに対して、全国を10代区、20代区……とするわけです。各年代の代表が必ず選出されるので、投票率の低い若年層への刺激になります。次に、1人1票ではなく、10代・20代は1人あたり5票、30代は4票、40代は3票、50代は2票、それ以上は1票とし、これから長期にわたって社会にかかわる人ほど投票できる票数を多くするという構想もあります。さらに、未成年の子どもをもつ母親は、「自分の1票＋子どもの数」のぶんを投票できるようにするという構想もあります。もしこのような試みが実施されれば、立候補者の顔ぶれにも公約にも大きな変化が訪れる可能性があります。

第7節 個人面接

社会学系・観光学系の面接

重要度★★★★★

設　定

試験官	A～C
受験生	Dさん：観光学に関心がある。
試験時間	10分

この面接での志望理由以外の質問

◆卒業後の進路

面接の事例

試験官A　❶観光学部は、大学の学部・学科として比較的新しい系統ですが、本学入学後はどのようなことを学びたいと考えますか。

Dさん　❷フィールドワークと調査法の授業に注目しています。また、観光学は、地理学・社会学・経済学・法律学・政治学・民俗学・宗教学と重なり合う学問ですので、人文科学・社会科学の両方の一般教養を重視したいと考えています。

試験官B　フィールドワークで調査したい場所はどこですか。

Dさん　はい。❸既存の観光地ではなく、地域の可能性を広げる場所を訪れたいと思います。また、観光地化によるプラスの影響とマイナスの影響についてシミュレーションするという●●教授の授業に関心があります。災害遺構・戦災遺構などの残し方や伝え方にも強い関心があります。

試験官C　これまで観光学分野で読んだ本は何ですか。

Dさん　❹新曜社から出ている『現代観光学』という本を読みました。10人以上の大学の先生がたが書いたもので、観光学が本当に広い分野と隣接する学際的で魅力的なものであることを理解することができました。

観光学を大学で専攻しようと思った最大のきっかけがこの本に出合えたことです。

試験官 B　卒業後の進路は、観光業やホテル業への就職ですか。

D さん　⑤旅行ガイドを発行している出版社への就職を考えています。また、フリーランスの旅行ライターになることも考えています。

回答へのコメント

➡❶：観光学は、観光学部だけでなく、社会学部でも学べます。なお、日本で最初に観光学部を開設したのは立教大です（1998 年）。2008 年には、国土交通省の外局として観光庁が発足しました。

➡❷：○　観光学の特徴を踏まえた回答となっておりグッド。

➡❸：◎　一歩踏み込んだ質問に対し、訪れたい場所、興味がある授業、関心を寄せている分野が答えられていてグッド。なお、観光客が増えすぎることによる問題を「オーバーツーリズム」といいます。

➡❹：○　読んだ本について、簡潔かつ的確にコメントできています。

➡❺：○　観光学で学んだことが生かせる「将来の進路」が示せていてグッド。

コシバからのアドバイス

観光学で学べることはじつに多岐にわたりますが観光学は比較的新しい分野であり、現状では社会的な認知度がさほど高くないことから、保護者や高校の先生に、「なぜ観光学を専攻したいのか」「観光学にはどのような特徴があるか」などと尋ねられる可能性があります。そう問われた場合にうまく答えられるよう、あらかじめ準備しておきましょう。ちなみに、2022 年に世界経済フォーラムが発表した旅行観光競争力ランキングで日本は 1 位でした。2 位は米国、3 位はスペイン、4 位はフランスです。

第7節 個人面接

経済学系の面接

重要度 ★★★★★

設 定

試験官	A：進行役／B・C：細かい質問役
受験生	Dさん：商社やコンサルティング会社に関心がある。英語が得意。
試験時間	10分

この面接での志望理由以外の質問

◆関心がある大学の授業／卒業後の進路

面接の事例

試験官A ❶卒業後は商社やコンサルティング会社への就職を考えているようですが、なぜですか。

Dさん ❷商社やコンサルティング会社は、特定の業界だけでなく、いろいろな業界とかかわることができる仕事だと考えているからです。扱う対象が幅広い経済学で身につけた知識を、広く応用したいと思っています。

試験官B ❸英語が得意とのことですが、外資系企業への就職を考えているのでしょうか。

Dさん ❹外資系企業への就職には必ずしも固執していません。日系企業への就職でも英語は必須ですし、中国語にも関心があります。❺それから、先ほど「広く応用したい」と申し上げましたが、とくに環境やエネルギー問題の解決に向けたビジネスの取り組みに関心があります。

試験官C 中国語に関心があるのはなぜですか。

Dさん ❻欧米語以外の最も主要な言語だからです。日本にとって中国は主要貿易相手国であり、政治的には緊迫した関係に置かれながらも、大切なビジネスパートナーであることに変わりはありません。ですから、中国語を学びたいと考えています。

試験官A　●●教授のゼミに参加したい理由は何ですか。

Dさん　はい、⑦私が興味をもっている環境経済学を●●教授が専門とされていることを、貴学の公式サイトに掲載されている●●教授の自己紹介によって知ったからです。また、環境経済学をより深く学ぶために、法学部で開かれている「環境法制」の講義も受講したいと考えています。

試験官A　よくわかりました。ありがとうございました。

回答へのコメント

➡❶・❸：志望理由書の内容にもとづく、少し立ち入った質問です。じつは、よくあるパターンです。

➡❷：○　回答のように、たくさんの他業種とかかわることができるという点が商社やコンサルティング会社の特徴の1つです。

➡❹：○　日系企業のなかにも、英語を社内公用語として定めている会社があります。また、海外から人材を採用する企業も珍しくありません。

➡❺：○　このように、あとから言い足したり修正したりしてもかまいません。

➡❻：◎　日中関係の状況を踏まえて回答できている点がグッド。

➡❼：○　具体的に回答できていてグッド。また、他学部履修に触れることによって学びのマッピング（地図）を示せてグッド。

コシバからのアドバイス

個人面接における質問の多くは、受験生があらかじめ提出している志望理由書の内容にもとづいてなされます。また、面接を担当する試験官が複数いる場合には、試験官によって「北風タイプ＝厳しめ」や「太陽タイプ＝やさしめ」のように役割分担をしていることもあります。

第7節 個人面接

テーマ05 国際政治経済学系の面接

重要度 ★★★★★

設定

試験官	A：進行役／B・C：細かい質問役
受験生	Dさん：国際機関での仕事に関心がある。
試験時間	10分

この面接での志望理由以外の質問

◆入学後の学び

面接の事例

試験官A　Dさんが興味をもっているという「国際機関での仕事」とは、具体的には国連職員ですか。

Dさん　はい。❶国連職員として勤めることに強い関心があります。一方では、非営利団体で官民協働の国際機関である世界経済フォーラムの職員になりたいという気持ちもあります。

試験官B　それを実現するための研究計画はどのようなものですか。

Dさん　❷貴学では、国連がかかえる課題の研究がさかんです。また、国際公務員を養成する授業も開講されています。ぜひ受講したいと考えています。そのほか、「国際機関論」「安全保障・平和構築論」「国際関係史」「国際法」にも注目しており、「安全保障・平和構築論」を専門とする●●教授のもとで卒業論文を書きたいと思っています。

試験官C　大学院進学や留学は考えていますか。

Dさん　❸国際機関のスタッフには修士以上の学位が求められるので、大学院に進学したいと思います。瀬谷ルミ子氏の著書『職業は武装解除』を読んで、英国のブラッドフォード大学には「紛争解決学」の大学院課程があると知ったため、同校への留学を視野に入れています。

試験官C ④注視している現代の紛争や戦争は何ですか。

Dさん ⑤20年続いたアフガニスタン戦争と、2022年から始まったロシアによるウクライナ侵攻です。私にできること、日本にできることを模索したいと考えています。

回答へのコメント

➡❶：○ 日本は、国連通常予算における分担金額も分担率も上位にあり、2020～2022年の期間では分担金額も分担率も米国、中国に次ぐ世界第3位です。常任理事国である英国・フランス・ロシアより上位にいるのです。また、国連関係機関の日本人職員数は上記の金額に比して多くはないものの増加傾向にはあり、そのうち女性比率は6割です。

➡❷：○ 「将来像」に結びついた講義名が挙げられています。また、大学の特徴と自分の志望分野とのマッチングも示せていてグッド。

➡❸：◎ 漠然と大学院進学や留学を考えているのではなく、目的や留学先が具体的に示せている点がグッド。また、読んだ本がアピールできている点もグッド。

➡❹：関心分野に関する「深掘り質問」です。

➡❺：○ 具体的に回答できています。この質問のほかにも、「21世紀以降の戦争や内戦の例を挙げてください」「最近気になる国際問題は何ですか」というパターンもあります。

コシバからのアドバイス

私たちは、核兵器を保有する大国による軍事力の行使という深刻な問題に直面しています。安全保障や平和構築の分野に関心がある人は、ニュースをチェックするだけでなく、新書レベルでよいので、その分野の本も読んでおきましょう。

第7節 個人面接

テーマ06 経営学系・商学系の面接

重要度 ★★★★★

設定

試験官	A：進行役／B・C：細かい質問役
受験生	D さん：経営学を学んで家業を継ぎたい。
試験時間	10分

この面接での志望理由以外の質問

◆卒業後の進路／入学後の学び

面接の事例

試験官A　本学での研究計画を話してください。

Dさん　はい。❶実家が兼業農家で、農業と酒販店を営んでいます。将来は農業と酒販店を継ぎ、事業を拡大していきたいと思います。経営学部志望であり、「経営管理論」「経営情報学」「経営財務論」に興味があります。また、株式会社の農業参入を研究されている●●教授の授業にも注目しています。

試験官B　家業を継ぐということですが、どんな展望をもっていますか。

Dさん　❷農業の売上規模も酒販店の売上規模も小さいので、法人化するとともに、兼業状態を一本化して拡大を図ります。また、高齢化で廃業した近隣農家を継承し、酒類だけでなく農産物や加工品を世界に向けてネット販売するという構想をもっています。

試験官C　❸六次産業化ですね。

Dさん　はい。❹ただし、具体的な経験を積んでビジネススキルを向上させ、人的ネットワークをつくらない限りは実現できないと思っていますので、貴学で学んだあと、民間企業に勤めてから実現したいと考えています。

試験官A　はい、ありがとうございました。以上で面接を終わります。

回答へのコメント

➡❶：○「将来像」からさかのぼって大学で学びたいことが示されている点がグッド。

➡❷：○「将来像」が具体的でグッド。広大な耕作地が放棄されている、あるいは荒廃農地が増えている現状を踏まえ、法人による農業への参入が2005年から法的に認められました。また、2009年の農地法改正によって、法人による農地の借地が解禁されました。2022年では、全国で4,000社以上の法人が農業に参入しています。

➡❸：「六次産業」は、「第一次産業」(農業、水産業など)、「第二次産業」(鉱業、製造業など)、「第三次産業」(商業、金融業など)の要素をすべて含みます。

➡❹：◎　このように、まず民間企業に勤め、経験を積んでから独立・起業・家業の継承などを行うというプランは十分にありえます。回答はそこまで見据えられていてグッド。

コシバからのアドバイス

今回の試験官はそうではありませんでしたが、面接では踏み込んだ厳しめの質問である「深掘り質問」をされる場合があります。しかし、試験官がこのような質問を投げかけてくるのは、けっしていじわるをしたいからではありません。試験官はあくまで役割としてそう尋ねているだけです。そのような質問を受けたからといって、短絡的に「いじわるだな」とか「これで不合格だ」などと考えないように、落ち着いて回答しましょう。

第8節 集団面接

法学・政治学系の面接

重要度 ★★★★★

設　定

試験官	A：進行役／B・C：細かい質問役
受験生	●Dさん：法律学科、および公務員志望。 ●Eさん：政治学科志望。卒業後は未定。 ●Fさん：国際政治学科、および研究者志望。
試験時間	30分

この面接での志望理由以外の質問

◆時事問題／卒業後の進路

面接の事例

試験官A　さっそく面接試験を開始します。法律や政治関連で近年気になる出来事やニュース・報道にはどのようなものがありますか。

Eさん　（挙手して）はい。❶国土交通省・財務省・厚生労働省による重要統計の書き換え・公文書の改ざんが発覚したというニュースです。これは政府による国民の信頼を裏切る行為であり、深刻だと考えています。

試験官B　なぜそういう不正が行われるのでしょうか。

Eさん　❷優秀な官僚であるのに、いや優秀な官僚だからこそ組織の命令に従ってしまったという可能性があります。ニュースでは、その原因を、首相官邸や内閣官房の権限強化による圧力だと報じていました。このことを受け、公務員志望から民間企業志望に変えました。

試験官A　なるほど。ほかの方はどうですか。

Fさん　（挙手して）はい。❸こちらも政府機関による不祥事ですが、出入国在留管理局に収容されていた女性が亡くなった事案です。 →p.204に続く

回答へのコメント

➡❶：◎　まっ先に発言する積極的な姿勢と、挙げた出来事への的確なコメントがグッド。中央官庁による不祥事の事例をいくつか挙げます。

2018 年	●森友学園との土地取引に対する値引きをめぐり、財務省による公文書のねつ造が発覚。 ●イラクおよび南スーダンに派遣された自衛隊の日報を防衛省が隠ぺい。のちに「廃棄した」、さらにのちに「発見した」と発表。 ●各省庁による障害者雇用率の水増しが発覚。
2019 年	●厚生労働省による月別雇用賃金統計の不正書き換えが発覚。 ●総務省による小売物価統計の不正書き換えが発覚。
2021 年	国土交通省による建設工事受注動態件数統計の不正書き換えが発覚。

➡❷：○　政治関連の報道に関心があることがアピールできています。

➡❸：○　前の発言者の発言内容と関連づけて答えられていてグッド。なおこの事案は、名古屋出入国在留管理局に収容されていたスリランカ女性の死亡をさします。女性は体調不良を訴え医師の診断を求めていましたが、局員はこれに対応せず、適切な治療が施されないまま亡くなってしまいました。日本では、このような出入国在留管理局収容中の死亡事案がたびたび起きており、遺族らによって裁判が起こされるケースもあります。日本に対する国際社会からの信頼度の問題にもなっています。

→p.202から続く

試験官B　どういう点が問題だと考えますか。

Fさん　❹国際社会から、日本が外国人の人権を軽んじる排他的な国だと批判されている点です。国際政治に関心がある私にはとてもショッキングな事件でした。

試験官A　では、Dさんはどうですか。

Dさん　はい、❺香川県議会によって可決・成立したネット・ゲーム依存症対策条例を挙げます。私は法律を学んで地方公務員になりたいと考えていますが、条例によって行政が私生活に介入することは行きすぎだと思います。

試験官C　❻この条例を、ほかの２人はどうとらえますか。

Fさん　（挙手して）❼ゲーム依存症などが問題視されているので、この条例の制定に問題はないと考えます。

Eさん　（挙手して）❽この条例は行きすぎたパターナリズムだと、私は考えます。

試験官B　❾なるほど。パターナリズムについて説明してください。

Eさん　はい、❿いわば「公的なおせっかい」です。政府などが私生活レベルでよいと思われることを強制すること、あるいはよくないと思われることを強制してやめさせることです。夫婦同姓制度がその典型です。日本の民法は、夫または妻の姓に統一して夫婦が同じ姓を称することを規定しており、実際にはほとんど夫の姓が使用されています。一方、探究学習で調べたのですが、世界では「同姓にするか別姓のままか選べる制度」「夫婦別姓制度」「夫婦の姓については各家庭の問題であるため民法で規定しない」のいずれかのようです。

試験官A　よくわかりました。

→p.206に続く

回答へのコメント

➡❹：○　学問への関心と関連づけてコメントできていてグッド。

➡❺：◎　具体的な事例を自分の関心分野と結びつけてコメントできていてグッド。

2020年に可決・成立したネット・ゲーム依存症対策条例は、香川県内の18歳未満を対象として、ゲームの利用時間を1日60分（休日は90分）まで、スマートフォンの使用時間を中学生以下なら21時まで、それ以外は22時までと定めました。ゲーム依存症への危惧（きぐ）と学習時間の確保が目的とされています。なお、県内に住む親子がこの条例を違憲だとして訴訟を起こしましたが、合憲という判決が出ています。

➡❻：集団面接では、このように、ある参加者の発言に対して、ほかの参加者にも回答を求められる場合があります。ほかの参加者による発言をよく聴いておきましょう。また、その姿勢を示すことは、ほかの参加者に「自分の発言に耳を傾けてもらっている」という安心感を与えることにつながります。

➡❼：△　ここでは、この意見に加えて、条例によって自治体がわざわざ個人のゲーム利用・スマホ使用を規制することの妥当性を説明するべきでした。

➡❽：○「パターナリズム」という重要キーワードが挙げられています。

➡❾：回答に対して試験官が踏み込んで質問してくるのは、受験生に興味をもった証拠です。けっしていじわるをしたいわけではありません。

➡❿：◎「パターナリズム」を、適切な例とともに簡潔に説明できています。「パターナリズム」とは、父権（ふけん）的温情主義と訳され、強い立場にある者が弱い立場にある者の意思を問わず、一方的に介入・干渉・支援することです。「パター」はラテン語の父が語源です。日本は、パターナリズム傾向が強い社会だといわれています。

→p.204から続く

試験官A　では、大学で注目している授業や卒業後の進路について話してください。

Dさん　（挙手して）⑪法律学科志望です。先ほど中央官庁による不正が取り上げられました。私は、その中央官庁に勤める国家公務員をめざしています。貴学では、公法・行政手続法を学ぶつもりであり、⑫「公務員倫理」の講座を受講したいと考えています。官僚として国民に対して恥ずかしくない仕事ができるよう、広く教養も身につけたいと思います。

試験官A　ありがとうございます。

Eさん　（挙手して）⑬私は、政治学科志望で、「近代政治思想史」や「政治体制論」などの授業に関心があります。ロック、ホッブズ、ルソーなどの思想が現代日本でどのような意義をもつのかを考えたく、政治哲学の●●教授から指導を受けたいと思っています。卒業後の進路としては、研究者をめざして大学院に進学すること、政治学の教養をもった社会人として民間企業に勤めること、高校地歴科教員になることのいずれかを考えています。大学での学びを通じて将来像を具体化していきます。

試験官A　ありがとうございました。Fさんはどうですか。

Fさん　はい。⑭国際政治学科志望で、戦時国際法や近現代のアジア外交史に関心があります。この分野では▲▲教授や◆◆教授の授業を受講したいと考えています。とくに、EU（欧州連合）のようなしくみが東アジアでも可能なのかどうかを学びのテーマとして追究するつもりです。

試験官A　卒業後の進路について話してください。

Fさん　あっ、言い忘れていました。⑮国際政治分野、とくに現代の東アジア政治外交分野の研究者になりたいと考えます。そのため、大学院に進学したいと考えています。また、東アジア政治外交分野の研究がさかんな大学への留学も視野に入れています。留学先の候補は、米国、中国、韓国です。貴学で学びながら留学先を決めていきたいと思います。

回答へのコメント

➡⑪：○　公務員志望であれば、「公法」「行政手続法」に関する基本知識をおさえておくとよいですね。公法は、国家と個人との関係のあり方を規定する法律の総称です。行政手続法は、行政処分（行政機関が権利を与えたり義務を命じたりする行為）や行政指導（行政機関が民間企業などに対して行う指導）の根拠と手続きを定めた法律です（1994年施行）。

「法治主義」という言葉があります。これは、「法律というルールが社会に張りめぐらされ、犯罪が厳格に取り締まられているという考え方」の意味で使われることが多い用語ですが、重要なのはそちらの意味ではありません。むしろ重要なのは、「政治が為政者によって恣意的（勝手気まま）に行われないよう、政治は法にもとづいて行われなければならないという考え方」の意味です。「法治国家」というのも、こちらの意味です。なお、近代以降は、国民に対する法律の拘束力よりも、国家・政府に対する法律の拘束力が優先されます。

➡⑫：◎　❷で出た話題を再び取り上げ、議論を展開させている点がグッド。

➡⑬：○　志望校のカリキュラムのなかで関心がある授業を示すとともに、「卒業後の進路」の選択肢が挙げられています。自分が進む道の「将来像」が具体的に述べられていれば申し分ありませんでした。

➡⑭：○　EUのような政治経済的国家連合が東アジアでも成立するかどうかという興味深い視点が提出されています。

➡⑮：○　言い忘れていたことを慌てず補足できています。このように、発言途中における訂正・言い直しは、まったく問題ありません。

第8節 集団面接

社会学系の面接

重要度★★★★★

設定

試験官	A：進行役／B・C：細かい質問役
受験生	●Dさん：社会統計・社会心理に関心がある。 ●Eさん：ジェンダー論・LGBTに関心がある。 ●Fさん：メディアに関心がある。
試験時間	30分

この面接での志望理由以外の質問

◆卒業後の進路／社会への貢献／学問への貢献

面接の事例

試験官A　では、面接試験を開始します。❶まず、それぞれ大学で学ぼうとしていることの社会的意義や学問的意義についてどう考えているのかを伺いたいと思います。どなたからでもかまいません。

Eさん　（挙手して）❷私は、男女の性差別解消や、性的マイノリティと呼ばれる人たちの人権尊重に取り組みたいと考えています。現代の日本社会で生きづらさを感じている人たちに対して貢献したいのです。

試験官B　本学で注目している講義は何ですか。

Eさん　はい。❸貴学の「セクソロジー・性科学」「セクシュアリティ研究」「ジェンダー論」などの講義に注目しています。貴学のパンフレットに掲載されていた担当教員による説明を読んで興味をもちました。私は中高生への性教育にも関心があり、貴学での講義がそのベースをなす知識になると考えています。

試験官B　そういった分野に関心をもったのはなぜですか。

→p.210に続く

回答へのコメント

➡❶：今回質問の対象となっている「社会的意義や学問的意義」の構想は、志望理由書を作成する段階で固めておくべきです。

➡❷：◎　議論の出だしから積極的に発言できていてグッド。発言内容も日本社会の「問題発見」「問題解決」につながっていてグッド。
「性的マイノリティ」は、「LGBT」「LGBTQ」という表記によって浸透してきました。それぞれの意味は、L:「レズビアン（lesbian）＝女性同性愛者」／G:「ゲイ（gay）＝男性同性愛者」／B:「バイセクシュアル（bisexual）＝異性と同性の両性愛者」／T:トランスジェンダー（transgender）＝性自認が出生時に割り当てられた性別とは異なる人」／Q:「クエスチョニング（questioning）またはクィア（queer）＝性的指向や性自認が定まっていない人など」です。人間は生理学的にも文化的・社会的にも多様な存在であり、以上の分類に収まらないこともありえるため、ほかに「LGBTQ＋」という表記もあります。

➡❸：◎　熱意が伝わる内容でグッド。「セクソロジー（sexology）」は、子どもを産む生殖と、それとは必ずしも同じではない人間の性行為などを研究対象とする学問であり、宗教学、心理学、人類学、生物学、脳科学などを横断します。
「セクシュアリティ（sexuality）」は、「性的指向」というせまい意味だけでなく、性にまつわること全般を広く意味します。「ジェンダー（gender）」は「社会的・歴史的につくられた（強制された）性別」を意味し、「生物学的性別」である「セックス（sex）」とは別物です。

　日本は、これらの分野の海外動向に関する研究の蓄積が少なく、性教育の面で他国に遅れをとっています。古い常識や偏見にとらわれている政治家や教育委員会のメンバーが少なくないことも一因として挙げられます。

→p.208から続く

Eさん　④性教育を実践するサークルのメンバーである大学生が私の中学に来校し、性教育について説明してくれたことがきっかけです。学校の保健体育の授業ではあいまいなまま済まされているけれども大切なことを聴くことができました。

試験官B　わかりました。

試験官A　ほかの方はどうですか。

Dさん　（挙手して）⑤私は、社会心理学や比較社会学に関心があります。また、それらの研究方法として、社会調査法や統計分析法を学びたいと考えています。⑥現代日本人のメンタリティの特徴を明らかにするという学問的貢献が果たせると思います。

試験官C　それらに興味をもった理由は何ですか。

Dさん　はい。⑦小論文対策として取り組んだ課題がきっかけです。その課題には、自己肯定感に関する国際比較の統計が掲載されていました。その統計から、日本では未成年者の自己肯定感がほかの先進国と比べて低く、学年が上がるほど自己肯定感が低下すると知りました。

試験官C　その統計を見てどう思いましたか。

Dさん　⑧自己肯定感が低い理由を分析したいと思ったのと同時に、質問項目に不具合があるのではないかとも思いました。「私は、人なみの能力をもっている」「私は、いまの自分に満足している」などの質問項目に答える際に日本人未成年者の多くが「こういう質問には控えめに回答しよう」というバイアスにとらわれ、控えめに答えているのではないかと考えたのです。このような背景を踏まえない限り、統計結果の数値だけを比べても不十分だと思います。このようなことから、統計結果を分析する「社会調査法」の講義に強い関心をもっています。

試験官C　どのようなテーマで調査したいと考えていますか。

→p.212に続く

回答へのコメント

➡❹：○　興味をいだいたきっかけが具体的に語れていてグッド。中高生を対象に、このような活動を行っているNGO・NPOや大学のサークルは実際に存在します。中高生には少し上のお兄さん・お姉さんである大学生からの話はリアルに響くので、このような活動には高い啓蒙（けいもう）効果があります。

➡❺：○　社会学は、経済学・経営学と同様、統計分析やデータサイエンスなど、実証科学的・数理的アプローチを進んで取り入れている分野です。それぞれの学問に研究方法の共通性があれば、世界中の研究を相互参照すること、および分析精度について批評し合うことが可能となります。つまり、社会学ではほかの学問との協働による進歩・洗練が期待できるのです。なお、社会学では外国語文献を読むための高いスキルも求められます。

➡❻：◎　個人のメンタリティ、および特定の社会集団を構成する人たちのメンタリティという目に見えない心的傾向を浮かび上がらせるためのアプローチには、さまざまな種類があります。

　たとえば、フランスの社会学者デュルケームは、カトリック文化圏の国における自殺率が、同じキリスト教文化圏であるプロテスタント文化圏の国における自殺率に比べて有意に低いことを明らかにし、その原因を分析しました。デュルケームは、カトリック文化圏の国における自殺率の低さは、教会を中心としたコミュニティの強さによると分析しました。

➡❼：○　具体例が的確に示せていてグッド。

➡❽：◎　小論文対策の過程で触れた統計の詳細な分析と、比較社会学への高い関心が示せていてグッド。文部科学省の公式サイトには、小中高生・大学生を対象としたこのような統計が多数掲載されています。ぜひチェックしてみてください。

→p.210から続く

Dさん　⑨Eさんの関心分野とも近いのですが、男女格差に関する意識、性的マイノリティに関する意識、難民受け入れと外国人労働者に関する意識を調査したいと考えています。

試験官C　よくわかりました。

試験官A　ではFさん、お願いします。

Fさん　はい、⑩私は、「メディア論」「ジャーナリズム論」「情報社会論」に関心があります。これらのテーマには、ネット上に流れるデマ・陰謀論・誹謗中傷の問題に向き合うという社会的・学問的意義があると思います。また、Dさんと同様に、社会調査法やデータ分析にも関心があり、マスコミが発信する情報の信頼性について調査・分析を行いたいと考えています。

試験官A　卒業後の進路をどう考えていますか。それぞれ話してください。

Fさん　（挙手して）⑪学んだことを生かしたいので、新聞社、出版社、テレビ局などのマス・メディア系のうち大手ではない企業への就職を視野に入れています。また、貴学で開かれているマスコミ志望者向けの指導講座にも積極的に参加したいと考えています。

試験官A　わかりました。ほかの方はどうでしょうか。

Eさん　（挙手して）⑫民間企業のうち、管理職における女性比率が高く女性が活躍している会社、あるいは化粧品会社やアパレル会社のようにおもに女性向けの商品を製造・販売する会社への就職を考えています。

試験官A　わかりました。Dさんはどうでしょうか。

Dさん　はい。⑬大学院進学と、シンクタンクへの就職の両方を考えています。いずれにせよ、社会調査法やデータサイエンスを生かせる進路を選びたいと思います。

試験官A　ありがとうございました。以上で面接を終わります。

回答へのコメント

➡❾：○　踏み込んだ質問に対し、ほかの参加者からの発言を踏まえて回答できている点がグッド。

➡❿：◎　日本新聞協会が2022年に全国の15～79歳・1,200人を対象としてメディア別の情報信頼性に関する調査を実施したところ、信頼できるメディアとして「新聞」を挙げた人が45.5％にのぼることがわかりました。以下、「テレビ」は37.8％、「インターネット」は20.3％でした。

この統計からは、日本人には、マス・メディアが報じる情報に信頼を置く傾向が依然として強いことがわかります。同時に、それは、日本人には多様なメディアを批判的に使いこなすメディア・リテラシーの能力が不十分であることも物語っています。

➡⓫：○　マス・メディア系の仕事は多岐にわたり、また企業規模もさまざまです。実際に、小規模ながら確固たる報道姿勢をもち、高い支持を得ている新聞社や出版社もいくつか存在します。

➡⓬：○　このように、女性が活躍しているという視点、および女性が使う商品を扱っているという視点にもとづいて就職先を考えるという方法もありえます。

➡⓭：○　大学院に進んで研究を続けるという選択肢以外にも、さまざまな調査・研究を行う「シンクタンク」の組織に就職するという進路もありえます。シンクタンクには、野村證券から分離・独立した野村総合研究所、三菱グループ各社の共同出資により設立された三菱総合研究所などがあります。

第8節　集団面接

経済学系・経営学系・商学系の面接

重要度 ★★★★★

設　定

試験官	A：進行役／B・C：細かい質問役
受験生	●Dさん：経済学科志望。 ●Eさん：経営学科志望。 ●Fさん：商学科志望。
試験時間	30分

この面接での志望理由以外の質問

◆大学での研究計画／卒業後の進路

面接の事例

試験官A　本学のどのような授業に注目し、どのような研究計画を立てているかについて質問します。❶本学では全学部共通の「総合基礎科目」を設置しています。まず、その範囲でどうでしょうか。Dさんからお願いします。

Dさん　はい。❷専門として学びたい経済学にもつながる科目であることから、「コンピュータ科学」や「データ科学」などの科目に興味があります。

試験官A　はい。では、Eさんはどうですか。

Eさん　❸私も、情報系科目に興味があります。趣味としてプログラミングを身につけてきました。貴学では「プログラミング」の授業が「初級・中級・上級」に分かれているので、「上級」に進めるよう、今後もプログラミングスキルを向上させたいと考えています。加えて、「AI実践」の授業にも注目しています。この手法は、経済のシミュレーションやマーケティングにも生かせると思います。

試験官A　はい。では、Fさん。

→p.216に続く

回答へのコメント

➡❶：この大学に設置されている「総合基礎科目」は、一般的には「一般教養科目」という名称で呼ばれています。この大学のように、学部横断的な学びと教養の養成に力を入れている大学はいくつか存在します。

➡❷：○　経済学と情報系科目が結びつけられていてグッド。近年、多くの大学でITスキルやデータサイエンスの素養が重視されています。

➡❸：◎　プログラミングにすでに取り組んでいるという点がアピールポイントとなっています。近年AIは、市場調査などさまざまな取り組みに活用され始めました。経済産業省も、AIの基本構造を理解したうえでビジネスに活用し、新たなビジネスを創造することができる人材の育成を促進しています。

経済産業省は2019年に、AIなどを使いこなす「IT人材」がその時点で約17万人不足している、2030年には人材不足が約79万人まで拡大する、と発表しました。このような事態に対応するためには、情報系だけでなく、経済学、経営学、商学、会計学などの社会科学系でもITを駆使して学び、そして研究できる人材の育成が急務です。

コシバからのアドバイス

経済学系・経営学系・商学系をもつ大学は、国公立大、私立大を問わず全国に多数あります。そのため、社会科学系の面接において「志望校でなければならない理由」を明確に伝えるのはなかなか難しいことです。その対策として、志望校以外のパンフレットと公式サイトをチェックして志望校独自の特徴をあぶり出し自分の言葉で説明できるよう、事前に準備しておきましょう。

また、今回のように、特徴のあるカリキュラム・プログラムに関して質問される可能性もあります。同じく入念に準備しておきましょう。

→p.214から続く

Fさん　❹私はぜひ、「科学哲学」「環境問題とエネルギー」「心理学」などの科目を受講したいと思っています。商取引や金融を専門的に学ぶ際のベースをなす知識が得られると考えるからです。

試験官A　なるほど。では、専門科目や卒業論文についてのプランを聞いていきます。今度は、Fさんからお願いします。

Fさん　はい。❺私は、将来は銀行や証券や保険などの企業への就職を考えているので、専門科目では「金融論」「証券論」「損害保険論」「海上保険論」「生命保険論」に注目しています。保険論関係の科目が細かく設定されている貴学でしっかり勉強したいと思います。❻リスク管理は銀行・証券・保険すべてに関連するので、ゼミでは「リスクマネジメント研究」担当の●●教授から指導を受けたいと考えています。

試験官B　金融業界や保険業界に行きたい理由を聞かせてください。

Fさん　はい。❼兄が銀行に、姉が生命保険会社に勤めていること、ドラマ『半沢直樹』を見て、また原作小説を読んで銀行員への憧れをもったことです。

試験官A　では、Eさんはどうですか。

Eさん　はい。❽Fさんが職業との関連について話してくれた内容にもとづくと、私は広告業界に関心があるので、専門科目として「広告論」「マーケティング戦略論」「消費行動論」などを受講したいと考えています。ゼミでは「現代広告研究」担当の▲▲教授から指導を受けたいと考えています。

試験官C　広告業界志望の理由は何ですか。

Eさん　❾テレビCMやネット広告を、受け手ではなくつくり手の視点から観察することによって、つくり手であるクリエイターを支える仕事で活躍してみたいと考えたことです。

→p.218に続く

回答へのコメント

➡❹：○　社会科学系学部・学科で学ぶ内容のベースメントになる科目が挙げられていてグッド。みなさんも、志望校で履修できる一般教養科目が専門科目とどうつながるのかを事前にシミュレーションしてみてください。

➡❺：○　専門科目における志望校の特徴がとらえられていてグッド。

➡❻：○　よく調べ、よく準備してきたことがうかがえる回答です。

➡❼：△　エピソードとして、家族からの影響、本・映像作品からの影響を述べることはアリです。ただし、具体的にドラマを取り上げるのであれば、そのドラマのどこが、どのようによかったのかまで話せることをめざしましょう（たとえば『半沢直樹』であれば、保身や出世に執着せず顧客を大切にする、しっかり責任をとる、銀行員としての誇りをもって働いている、など）。

➡❽：○　ほかの参加者による発言を踏まえて回答できている点がグッド。話している内容も「広告」という軸とつながっており、説得力があります。

➡❾：◎　クリエイターを支える仕事に就くため経営学部に進む、あるいはマネジメントを学ぶという選択はとてもユニークであり、試験官の興味をひく可能性があります。

→p.216から続く

試験官C　⑩美術大学の映像学部に進学して、映像クリエイターとして広告代理店に入社するという進路もありえるのではないでしょうか。

Eさん　⑪美術大学の実技試験に合格できるとは思えませんでしたし、そういう準備もしてこなかったので、最初からあきらめていました。

試験官C　（少しあきれた表情を見せながら）……ということは、本学のように一般的な大学の経営学部で学ぶほうがよいと考えたのですね。

Eさん　⑫はい。先ほどお話ししたプログラミングのスキルを広告やマーケティングに生かしたいので、貴学の経営学部で学ぶほうを選びました。

試験官A　ではDさん、お願いします。

Dさん　⑬経済学のなかでも環境対策や発展途上国支援につながる領域を学びたいため、「環境経済学」「開発経済学」にかかわる講義を受講したいと考えています。また、そうした分野で統計学や数理分析やデータサイエンスの手法を応用して研究している■■教授の授業をぜひ受講したいと考えますし、■■教授主宰のゼミにも参加したいと考えています。

試験官B　⑭資本主義には、環境負荷が高く発展途上国から収奪しているという側面があると言われていますが、どう考えますか。

Dさん　⑮資本主義や市場経済にはたしかにそのような側面があるため、私は、AI活用によるシミュレーションにもとづく経済学研究から環境適合性向上のための取り組みを考えるつもりです。

試験官C　卒業後の進路を聞かせてください。

Dさん　⑯環境対策や発展途上国支援対策に取り組むため経済産業省や環境省に入省すること、環境対策や発展途上国支援対策に熱心な企業に就職することなどを考えています。貴学で学ぶ過程で卒業後の進路を固めていきたいと思います。

試験官C　わかりました。

試験官A　終了時間となりました。お疲れさまでした。

回答へのコメント

➡⑩：こういう質問が出てくるのは、受験生に興味をもっている証拠です。

➡⑪：✕　美術大学をめざさなかった消極的な理由ではなく、たとえば、「広告理論やマーケティング理論を勉強したい」「1人の映像クリエイターではなく、広告全体のコンセプト・方向性を考えるディレクターになりたい」など、経営学部をめざす積極的な理由を話すべきでした。

➡⑫：○　なんとか持ち直しましたね。面接では「何ができないか、何をしてこなかったか」ではなく「何ができるか、何をしてきたか」をアピールしましょう。

➡⑬：◎　幅広い経済学の領域のなかから、自分の興味・関心の対象を絞れている点がグッド。また、情報系科目との結びつきに触れている点もグッド。情報系科目というこの大学の特徴にここで触れることによって、ここまでの回答との整合性がアピールできている点も高評価の対象となります。

➡⑭：「深掘り質問」ですね。

➡⑮：◎　資本主義の特徴を踏まえたうえで、自分の「研究計画」を述べている点がグッド。

絶えず成長をめざす資本主義には、環境破壊を加速するという性質があります。そのため、企業が環境適合性などに配慮して活動すべきであるという「企業の社会的責任（CSR）」の考え方が存在します。なお、CSRにもとづく投資を「社会的責任投資（SRI）」といいます。

➡⑯：○　自分の関心分野の学びと結びつく「卒業後の進路」の選択肢を示している点がグッド。

コシバからのアドバイス

どのような学問分野も「生き物」ですが、経済学系・経営学系・商学系にはとくにその傾向が強めです。いま起きていることへのアンテナを張りめぐらせましょう。

第4章 社会科学系面接の実況中継

第9節 討論・ディベート

「賛成」と「反対」に分かれた集団討論

重要度 ★★★★★

設　定

試験官	A：進行役
受験生	●Bさん・Cさん・Dさん：賛成論側 ●Eさん・Fさん・Gさん：反対論側
試験時間	30分

この面接での志望理由以外の討論

◆「他人に迷惑をかけなければ何をしてもかまわないか」

討論の事例

試験官A　では、集団討論を始めます。❶賛成論側と反対論側に分かれて議論する形式です。まず、賛成論側からそれぞれの意見を述べてもらい、反対論側からは提出された意見への反論を述べてもらいます。その後、賛成論側からの再反論、反対論側からの新規の意見提出という流れでいきたいと思います。賛成論側から挙手して意見を述べてください。

Bさん　（挙手して）まず、❷経済・経営の視点から意見を述べます。❸どのような会社をつくり、どのような商品やサービスを提供するかという経済活動に対する考え方は、他者危害にならない限り、あるいは違法なものを売ったりしない限り、自由であるべきです。たとえば、変わった風味のアイスキャンディーも、気に入らない人は買わなければよいだけです。「変なものを売るな」と抗議することは無意味です。

Cさん　（挙手して）❹大麻などの売買・所持・使用は、他者危害でない限り自由に認めるべきとの意見があります。

→p.222に続く

回答へのコメント

➡❶：参加者自身による自説や持論とは無関係に賛成論側と反対論側へ機械的に振り分けられ、それぞれの立場に沿って意見を出し合う「集団討論」という形式があります。この形式では、通常は討論の勝ち負けを決めません。議論の流れによってはどちらかが優勢になるということはあっても、自分が劣勢側にいるから不合格になる、ということはありません。また、討論の目的は相手を論破することではありません。議論を深めることによってすべての参加者が知的成長を遂げられる点に目的があるのです。

➡❷：◎　議論開始にあたっては、このように、視点・焦点を明示することがとても大切です。議論の流れをつくり出すというはたらきや参加者が意見のアイディアを思いつきやすくなるという利点もあります。

➡❸：○　具体例としてグッド。実際に、コーンポタージュ味やナポリタン味のアイスキャンディーが販売されていました。

➡❹：○　議論の深耕につながりそうな、大胆な提言です。入試小論文でも、麻薬規制は妥当かを問うものがありました。

前提知識はこれだ

リバタリアニズム：「他人に迷惑をかけなければ何をしてもかまわない」という考え方を表す学術用語。「他者危害原則」ともいう。直接他者に危害を加えたり犯罪を起こしたりするのでなければ何をしても制限されない（とくに、政治権力による制限は排除する）という徹底した自由主義であり、自分への危害は自己責任で、規制を受けたりおせっかいを焼かれたりする筋合いはないとみなす。19世紀英国の哲学者ミルが『自由論』という著書のなかで展開している。また、現代の思想家による関心テーマでもあり、ノーベル経済学賞の受賞者であるフリードマンや、政治哲学者のノージックなどもこのテーマを継承している。

→p.220から続く

⑤これは、大麻を合法化しているオランダのような国で採用されている考え方です。日本でも20歳以上であれば、酒やたばこをたしなむことは自由です。ただし、自分に及ぶ健康被害は自己責任です。また、飲酒による泥酔が原因で他人に暴力を振るえば、傷害罪に問われます。

Dさん　（挙手して）⑥政治と権力との関連で、言論・表現の自由について述べます。私は、たとえいかがわしいものであっても、他者危害でない限り自由に表現できることが望ましいと考えます。自分たちへの批判をいかがわしいもの・不埒なものとして弾圧しようとする権力側への対抗や抵抗として重要だからです。

試験官A　では、反対論側からの反論をお願いします。

Eさん　（挙手して）⑦BさんとCさんは経済・経営の視点から賛成論を述べていましたが、企業には、消費者の健康に配慮して商品を製造・販売する責任があるはずです。しかも、消費者の健康を気遣ったうえで行われるビジネスは、成功する確率が大きいはずです。

Bさん　（挙手して）⑧他者危害禁止という制限以外にほかの制限がないからこそ、企業は斬新な商品を製造・販売できます。その結果、経済活動も活発になります。健康志向の消費者はその志向に従って商品を買えばよいのです。

Gさん　（挙手して）⑨Cさんは、経済の視点から大麻などの売買・所持・使用を認める意見を出しましたが、薬物依存者が増えれば、経済活動に悪影響が及びます。私は、Cさんの意見に反対します。

Cさん　⑩現在の日本では、大麻などの薬物の売買・所持・使用が法律で禁止されています。逆に違法ゆえこれらの粗悪品が高値で売買されることが闇取引であり、暴力団などの資金源になっています。闇取引は日本のGDPに反映されません。

→p.224に続く

回答へのコメント

➡❺：○　適切な具体例が挙げられています。「リバタリアニズム」は、愚かな行為の自由を認めます。これを「愚行権」といいます。飲酒による泥酔は、他者危害には該当せず、愚行権の範囲に収まります。一方、飲酒による泥酔によって他人に迷惑をかけたり暴力行為に及んだりすれば、それらは他者危害に該当するため愚行権が適用されず、処罰の対象となります。

➡❻：○　❷で示された経済・経営の視点と同様の社会科学的な視点から意見が述べられていてグッド。

➡❼：○　同じ視点から反論が試みられている点がグッド。

➡❽：○　反論に対する再反論として成立しておりグッド。

➡❾：○　議論がかみ合っています。同じ対象を見ていても、焦点の当て方が異なれば、提出される意見も異なってくるのです。

➡❿：◎　法規制することで、かえって闇取引など反社組織による活動を助長し社会の治安を悪化させるというこの回答の指摘は、なかなか逆説的です。米国では1920～1933年までの「禁酒法」の時代（一部の州はその後も継続）に酒の闇取引によってマフィアが巨額な闇収入を得て、反社組織が巨大化しました。

コシバからのアドバイス

この「他人に迷惑をかけなければ何をしてもかまわないか」という議題は、集団討論の頻出テーマです。さまざまな視点が設定できるため、賛成論側・反対論側とも多数の具体例を挙げることが可能です。みなさんも、集団討論対策の練習として、それぞれの立場から具体例をたくさん挙げてみてください。

→p.222から続く

Bさん　（挙手して）⑪補足すると、大麻合法化によって、現在大麻取り締まりのために警察が使っている労力と予算が省けます。そのぶん、国の予算や都道府県の予算を経済活動に回せるというメリットが生じます。

Gさん　⑫仮にそうした経済的メリットがあるとしても、大麻合法化は人心の荒廃を引き起こします。私は反対します。

試験官A　反対論側から意見を提出してください。

Eさん　（挙手して）⑬Dさんが述べたように、権力批判のために言論の自由・表現の自由を認めることが大切だということは理解できます。一方で、ネットでの誹謗中傷（ひぼうちゅうしょう）やヘイトスピーチを許容することになりませんか。

Dさん　（挙手して）⑭それらは他者危害であり犯罪ですので、取り締まりの対象となります。そこに自由を認めてはダメです。しかし、それらを言論の自由・表現の自由にもとづく行為だと勘違いしている人たちがたくさんいます。これは、教育の問題だと考えます。

Fさん　⑮ほかの政治関連テーマを挙げます。選挙に行かないことは、直接だれかに迷惑をかける行為ではありません。だからといって、棄権の自由を認めることは疑問に思います。これについてはどうですか。

Cさん　⑯たしかに、有権者には、投票という行動によって社会に自分の意見を伝える責任があります。だからといって、投票を義務化したり罰則を設けたりするのは行きすぎです。棄権の自由も認めるべきです。

Gさん　⑰オーストラリア・メキシコ・ブラジルでは、棄権に対して罰則があります。自由と責任、権利と義務はセットではないでしょうか。

Cさん　⑱もし棄権に罰則を設けると、罰を受けたくない人が形式的に投票するというケースが増えると懸念します。投票に行く自由と行かない自由の両方の意義を、教育によって考えることが必要です。

試験官A　それでは時間がきましたので、ここで終了します。

回答へのコメント

➡⓫：○　賛成論側にいる発言者を適切にフォローできています。近年、大麻を合法化している国の論理です。

➡⓬：○　⓫の意見への有効な反論となっています。

➡⓭：◎　言論の自由・表現の自由が犯罪行為を正当化してしまうという重要な指摘が提示されています。

➡⓮：○　プライバシー侵害や名誉棄損は犯罪で、立件の対象です。

➡⓯：◎　他者危害に該当しない行為であればどんなことでも自由に認めてよいのか、という点を吟味するための重要な具体例の提示です。

➡⓰：○　議論の深耕に貢献する発言です。

➡⓱：○　反対論側にいる発言者を適切にフォローできています。なお、投票に行くという責任を果たさないと、次の選挙では投票する権利を失うというしくみを採用している国もあります。ともあれ、投票を義務としている国は27か国あります（2023年）。

➡⓲：○　党派的・イデオロギー的な偏向や特定の思想への肩入れを排除するという条件下で「政治教育」を行うことは重要でしょう。

この点については、ドイツの社会学者であるマックス・ウェーバーによる「客観性」「価値自由」の考え方が参考になります。彼は、客観性とは主観・主義・ポリシーをもたないことではなく、みずからの主観や立場を自覚することにあると考えました。また、価値自由とは価値観がない状態ではなく、自覚しているみずからの価値観にとらわれていない状態であると説明しました。

「ボイテルスバッハ・コンセンサス」という政治教育の考え方があります。これは、議論における意見の対立は必ず生じるという前提に立ち、生徒が議論のなかで反省的にとらえ返した自身の意見にもとづいて政治に参加することをうながす、という考え方です。

第9節　討論・ディベート

グループ分けなしの集団討論

重要度 ★★★★★

設　定

試験官	A：進行役。ほかに、審査役2人が立ち合い。
受験生	Bさん・Cさん・Dさん・Eさん・Fさん
試験時間	30分

この面接での志望理由以外の討論

◆「集団主義の功罪」：個人重視でもなく、大きな公共性重視でもない、所属する組織を重視する考え方についての是非

討論の事例

試験官A　では、討論を始めます。❶今回の議題をめぐってそれぞれ意見を提出し、意見を戦わせながら議論を深めていきましょう。進行役をだれかにお願いしたいのですが、どなたかいませんか。

Bさん　（挙手して）はい。

試験官A　ほかに候補者はいないようなので、Bさんにお願いします。Bさん自身の意見を述べてもかまいませんが、なるべく進行役に徹してください。

Bさん　進行役を務めるBです。よろしくお願いいたします。❷意見をうながすために、私から議論のきっかけをつくります。❸経済的な視点から、集団主義の例として「日本的経営」を挙げます。日本の高度経済成長は、個人の才能よりも組織の一体性を重視する日本的経営によるところが大きく、その点がプラス面です。みなさんはどう考えますか。

Cさん　（挙手して）❹たしかに日本的経営は長らく日本経済を支えていましたが、1990年代以降の日本の経済成長率はほぼ30年にわたってゼロです。日本的経営は、もはやマイナスでしかありません。　→p.228に続く

回答へのコメント

➡❶：この集団討論は、グループに分かれず、個人対個人の合計５人で議論を進めるという形式です。今回のように進行役(ファシリテーター)を決める場合もあれば、決めない場合もあります。率先して自分の意見を述べることと同時に、ほかの参加者からの意見にも耳を傾けることが必要です。参加者をおとしめることなく、建設的な議論が形成されることに努めましょう。

➡❷：◎ 参加者からの意見をうながすための「呼び水」としてこのように発言することは、進行役の役割として適切です。

➡❸：○ よい例です。高度経済成長期には「年功序列型賃金制」「終身雇用制」「新卒一括採用」「定年制」などが定着し始めました。このような「日本的経営」は、かつては米国でも注目されました。

➡❹：○ どこに賛同できて、どこに賛同できないかが対比的に示されていてグッド。また、具体例や根拠を挙げながら発言している点もグッド。

第4章 社会科学系面接の実況中継

コシバからのアドバイス

議論の場において自分の意見を構想したうえで発言するという行為には、小論文の作成と同様の頭の使い方が必要です。提示された議題には唯一の模範解答というものは存在しません。だからといって、「いろいろな意見があり、それぞれはすべて正しい。だから、答えは存在しない」と議論を放棄することは学問的に不十分です。自分なりの意見を仮説として提示し、ほかの参加者との対話を通じて議論を磨き上げていくことが必要なのです。

仮説を設定する際に有効なのが、今回の例にも見られるように、設定された視点からどのようなことが言えるかを構想することです。代表的な視点が、「本質論の視点」「実効性の視点」です。そこに、「現代社会の視点」(「国際化社会の視点」「価値観の多様化の視点」など)と「学問への関心の視点」を加えることも可能です。

→p.226から続く

Dさん　（挙手して）はい。⑤Cさんと同意見です。グローバルな国際競争のもとでは、集団主義によって組織で人材を囲い込んでしまうことはマイナスです。現在はもう集団主義ではうまくいかなくなっているのです。

Bさん　⑥集団主義のマイナス面を挙げる意見が続きましたが、プラス面はありませんか。

Eさん　（挙手して）⑦個人が埋没する・否定されるというマイナス面以上に、個人が組織に守られている安心感というプラス面のほうが大きいのではないでしょうか。

Fさん　（挙手して）⑧経済学者である猪木武徳氏の本には、集団主義には、クレーム処理などのやっかいな仕事に存在意義を与えられるというプラス面と、すぐには成果が出ない基礎研究に根拠を与えられるというプラス面があると書かれていました。

Bさん　いま提示されたプラス面について意見を述べてください。

Cさん　⑨組織が与える安心感は、組織のなかで守られる立場にいる人だけが感じるものです。たとえば、非正規雇用者などは感じないはずです。

Dさん　⑩同様に、出産や育児のために勤続しにくい女性社員も、安心感を感じるのは難しいだろうと思われます。

Eさん　⑪1990年代後半、バブル崩壊後の不況下では、50代男性の自殺者が増えました。自殺者の多くは、能力によらない年功序列型賃金制で昇給したもののリストラの一環として解雇された人たちだとされています。このように、組織が与える安心感も絶対ではありません。

Cさん　（挙手して）⑫集団主義の弊害としてはさらに、組織の利害を守るため、中央官庁などの組織が大きな公共性を無視して不祥事に走るおそれがある点を挙げることができます。

Bさん　⑬有名企業による品質データ改ざん、中央官庁による重要統計の書き換えなど、事例はたくさんありますね。

→p.230に続く

回答へのコメント

➡❺：◎　ほかの参加者が提出した同意見の単なる繰り返しではない言い換え・補足ができていてグッド。このように、議論を深めるためには、ほかの参加者から出た意見に反論するだけでなく、ほかの参加者に対するフォローもアリです。

➡❻：○　進行役としての務めをしっかりと果たし、議論が一方的になることをうまく回避しています。

➡❼：○　進行役からの求めに応じてプラス面が挙げられている点がグッド。発言者は、自分の本心そのままを言うこと以上に議論を盛り立てるという役割を担っています。

➡❽：◎　読んだ本を紹介することは、議論の深耕に貢献します。

➡❾：○　組織のなかで安心を感じることができない人たちの存在が指摘できていてグッド。

➡❿：○　❾に関連する具体例が適切に挙げられており、議論の展開に貢献しています。

➡⓫：○　このように、自分が提出した意見を途中で修正するのはかまいません。自分の立場に固執せず、議論を活性化することに努めましょう。

➡⓬：◎　本来は公共性を実現するために存在するはずの中央官庁が組織の防衛を優先した結果、不祥事を起こしてしまうケースが見られます。

➡⓭：○　議論を肉づけするという、進行役としての務めが果たせています。

コシバからのアドバイス

「集団主義」とは、みずからが帰属する小集団の利害を公共性よりも優先する考え方です。また、「集団主義社会」とは、人びとが集団内部で協力し合っている程度が、集団間で協力し合っている程度よりもずっと大きい社会です。集団主義社会は「ムラ社会」とも言い換えられます。

→p.228から続く

F さん　⑭国際特許の分野における特許取得件数について、日本は工業製品や知的財産に関する発明特許よりも改良特許のほうが多い、というデータを見たことがあります。日本人は、1人の天才によるゼロからの開発よりも集団単位での協力による改良のほうが得意だといえそうです。

C さん　⑮「日本人」とひとまとめにくくってしまうことには疑問があります。むしろ、個々人で多種多様です。また、集団主義も変容しています。

F さん　（挙手して）⑯多様性はもちろん認めますが、それでも日本人特有のメンタリティはあり、そのなかで個性を生かす方法はありえます。また、1つの組織でじっくり研究などに取り組めるのはよいことではないでしょうか。

D さん　（挙手して）⑰たしかに、研究活動には組織の力が必要です。しかし、前例のない斬新な研究を行うようなトップ研究者を組織の力で縛りつけることは、研究者の創造性を阻害する結果につながらないでしょうか。

C さん　⑱欧米の研究者は、出身学部・出身大学院・勤務する大学がそれぞれ異なるのが一般的だと聞きました。組織に囲い込まれないことによって研究の自由が守られているのです。

F さん　しかし、⑲日本の大学でそのようなあり方が定着しなかったことには、一定の理由があると思います。

C さん　⑳かつては「世界大学ランキング」のなかでアジアトップは日本の大学でしたが、現在ではそうではなくなっています。だからこそ日本の大学も、あるいは私たちのように学生となる人たちも、そのような状況を変えていく必要があると考えます。

B さん　㉑日本では、有名大学ほど教員の自校出身割合が高いというデータを見たことがあります。ここからは、研究の継続・安定というプラス面と、新規参入による創発的な研究が出にくいというマイナス面がわかります。

試験官 A　議論が展開して幸いでした。以上です。

回答へのコメント

➡⑭：○　身につけた知識を生かして発言できている点がグッド。議論の展開をうながす重要な指摘です。

➡⑮：○　ここで示された「●●人」というくくりのように、ある集団の傾向や特徴を一般化することの是非は、テーマごとに吟味する必要があります。

➡⑯：◎　プラス面擁護という役割を買って出ている点がグッド。また、ほかの参加者が提出した同意見の単なる繰り返しではない言い換え・補足ができている点もグッド。

➡⑰：○　譲らない自説の応酬ではなく、議論が積み上がっています。

➡⑱：○　⑰へのフォローとして適切に発言できていてグッド。

➡⑲：○　たしかに、任地の自由選択という考え方が定着せず集団主義的傾向が残っていることには、一定の合理性があるのかもしれません。

➡⑳：◎　学生の卵としての当事者意識が表れていてグッド。

➡㉑：○　進行役によって議論が円満に締められています。

コシバからのアドバイス

政治学者（専門は日本政治思想史）の丸山眞男氏は、日本の閉鎖的な集団主義社会を「**タコツボ型社会**」と呼びました（『日本の思想』／岩波新書）。社会学者の中根千枝氏は、「ヨコ」、つまり公共性や他集団への視野がなく、内なる「タテ」の関係しか見ない日本社会を「**タテ社会**」と呼びました（『タテ社会の人間関係』／講談社現代新書）。精神分析学者の河合隼雄氏は、「場の空気を読む」同調圧力（＝「場の論理」）の強い日本社会を「**母性原理の社会**」と呼びました。また、河合氏は、日本社会の特徴を、西欧的な個人の自立と他者との緊張関係を柱とする「父性原理」に対するものとして「**母性原理**」と呼びました（『母性社会日本の病理』／講談社＋α文庫）。

第9節 討論・ディベート

プレゼンテーション＋集団討論

重要度★★★★★

設　定

試験官	A：進行役。ほかに、審査役2人が立ち合い。
受験生	Bさん・Cさん・Dさん・Eさん・Fさん
試験時間	30分

この面接での志望理由以外の討論

◆「グローバリゼーション下で、国家・政府の役割はどうあるべきか」

討論の事例

試験官A　では、始めます。❶まず、それぞれ事前課題として書いてきた文章を発表してもらいます。みなさんは、ほかの参加者による発表もよく聴いたうえで賛成できる点と疑問点や賛成できない点について意見を述べてください。Bさんからお願いします。

Bさん　（教室の前方から試験官やほかの参加者に向かって）Bと申します。よろしくお願いします。❷グローバリゼーション下で国家・政府の役割は小さくなる、また小さくなるべきだというのが、私の意見です。以下、政治と軍事、経済の具体例を挙げながらくわしく説明します。

❸巨大IT企業に代表されるように、現代は経済活動が国境を越えてしまう時代です。また、旅行や留学や就職などの個人による活動も、インターネットの普及によりかつてないレベルで活発化しています。このようななかで、国家・政府の役割は次第に小さくなっていくと思われます。

❹日本国内では、民営化と分散化が進みました。国鉄がJR各社に、電電公社がNTT各社に変わりましたし、郵便事業も民営化されました。

→p.234に続く

回答へのコメント

➡❶：試験には、志望理由書や自己推薦書などのように事前に文書を提出させる形式がある一方で、今回のように、事前に発表されている議題にもとづいて準備したうえで臨み、ほかの受験生と意見を交わし合う「プレゼンテーション」という形式もあります。大学での演習授業やゼミのスタイルに近い形式です。

➡❷：◎ 議論のきっかけを与える発言がグッド。「グローバリゼーション下で、国家・政府の役割はどうあるべきか」という議題のどこに焦点を当てるかが示せています。

➡❸：○ 「巨大IT企業」の例には、「**GAFAM**（ガーファム）」と呼ばれるGoogle（グーグル）、Apple（アップル）、Facebook（フェイスブック、現在はMeta［メタ］）、Amazon.com（アマゾン・ドット・コム）、Microsoft（マイクロソフト）があります。これらの企業が提供するサービスは、いまや世界を席巻しています。

➡❹：○ 具体例として民営化を挙げた点がグッド。ドイツのラッサールは、国家は治安維持と国防だけ行うべきだという「夜警(やけい)国家」の考え方を述べました。また、英国の経済学者であるアダム・スミスは、国家が介入することなくだれでも自由に市場での競争に参加することを認めるべきであるという自由放任主義を提唱しました。民営化も、ラッサール、アダム・スミスの考え方も、市場経済に絶対的な信頼を置く市場原理主義にもとづいています。そのアダム・スミスは、道徳さえ市場によって導かれると主張します。アダム・スミスによると、ビジネスは契約（約束）や時間や品質を守ることによって市場から信頼を得て成長するが、そうでなければ市場から追い出されます（『道徳感情論』）。

20世紀以降は、市場任せによる所得格差拡大への対処と、公共事業による恐慌への対処のため、国家・政府の役割が大きくなります。公共事業の例として有名なのは、世界恐慌後に米国で実施された経済再建策であるニューディールです。

→p.232から続く

❺近年では、各自治体が運営してきた水道事業の民営化が検討されています。また、民間セキュリティ企業がある程度まで警察の役割を代替しています。刑事施設についても、民間資本が入っているところが複数あります。市場の論理がはたらくため、民営化は低コスト・高品質・高効率を実現します。

❻あらためて国際社会を見てみましょう。従来、発展途上国支援は、先進国政府がもっぱらODA（政府開発援助）として担ってきました。しかし、現在では、NGO（非政府組織）による援助も不可欠だと認識されています。NGOによる活動は、相手国の細かい事情に通じ草の根レベルで行われる援助だからです。政府が発表している開発協力大綱でも、NGOとの協力がうたわれています。また、ノーベル平和賞を受賞したNGOも数多くあります。

❼このように、事実として国家・政府の役割は小さくなりつつありますが、私は国家・政府の役割はさらに小さくなるべきだと考えます。香港に対する中国政府の統制強化や自由の圧殺、ロシアによるウクライナ侵攻などの例から、私たちの生存と自由に対する最大の脅威は国家だということが明らかになっているからです。以上です。（会場から拍手）

試験官A　ありがとうございました。では、みなさんから意見を述べてください。

Cさん　（挙手して）はい。❽巨大IT企業が国境を越えて大きくなるにつれて、反対に国家・政府の役割も大きくなると、私は考えています。巨大IT企業は、大量の個人情報を握っています。これらの企業に対して、個人は圧倒的に弱い存在です。そうした個人のプライバシーを保護せよと要求できるのは、国家・政府だけです。今後、国家・政府にはいま以上に大きな役割を担ってもらうしかありません。

→p.236に続く

回答へのコメント

➡❺：◎　後続の議論を展開させる、すぐれた具体例です。ある民間警備会社のCMソングは、すべての都道府県でその会社が営業されていることを伝えています。その点は、全国各地に配置されている警察と同じですね。

また、日本では刑事施設の民営化が2007年から始まっています。正式には、民間資本を導入する半官半民の運営であり、「刑務所」とは呼ばれず、「社会復帰促進センター」の呼称が与えられています。一方、刑事施設の民営化を先導してきた米国では、経費がかさむ、囚人を労働力として使っているなどの問題が噴出したため、民営刑事施設を順次廃止していくことが決まりました。

なお、米国や英国にはPMCと呼ばれる民間軍事会社まで存在します。このように、国営・公営しかありえないと考えられている分野でも民営化が起きているのです。

ただし、PMCは、戦争犯罪に触れるような行為をした場合でも、軍法会議などで処罰されることはありません。国際法遵守という視点に照らすと、その存在根拠はきわめて薄弱です。

➡❻：○　入念な準備にもとづいて発表していることがアピールできています。

➡❼：○　議論を引き出す示唆的な提言でありグッド。

➡❽：○「デジタル立憲主義」にもつながる重要な指摘です。米国ハーバード大学の憲法学教授であるレッシグは、「国家からの自由」だけでなく「国家による自由」が存在すると強調しています。これは、国家の介入によって国民に保障される自由や権利を表します。なお、この分野の理解には、大屋雄裕『自由か、さもなくば幸福か？　二一世紀の〈あり得べき社会〉を問う』（筑摩選書）も参考になります。

→p.234から続く

また、⑨巨大IT企業の本社や最高幹部だけが莫大な利益を上げるという現状を変えるために、収益に見合う税金を納め、各国の経済に貢献するよう巨大IT企業に要求できるのも国家だけでしょう。

Dさん　（挙手して）⑩民営化で何もかもがうまくいくとは限らない、ということを主張したいと思います。水道事業の民営化をめぐっては、各地で住民による反対運動が起きています。コストカットと効率化を追求する営利企業が安全性を軽視するおそれがあるからです。もっとも、国家権力が脅威であるというBさんの発言には賛同します。

Eさん　（挙手して）⑪自由な市場競争にも欠点があります。さまざまな資源の奪い合いが起こりうるからです。過去にも、漁業資源の保護や地下水の枯渇を予防するために、地方自治体による規制が大きな役割を果たしています。

Bさん　（挙手して）⑫そういった調整役を行政機関が果たすことは大事だと、私も思います。しかし、税金のむだ遣い、国債や地方債の乱発などが頻出していることから、私は、行政機関のコスト意識やマネジメント意識があまりに低い点を問題視しています。

Fさん　⑬民間セキュリティ企業についても、警察の代わりにはならないと思います。お金を支払った人にだけ与えられるサービスだからです。警察や官庁は、たびたび不祥事は起こすものの、民間企業が政府に代替することは不可能だと考えます。新型コロナウイルス感染症に関連する話題を挙げると、収益面から、日本の民間病院がコロナ患者受け入れに消極的であったという点が指摘されています。

Bさん　なるほど、参考になりました。

＊Cさん・Dさんの発表が続きますが、紙面の都合で割愛します。

回答へのコメント

➡⑨：○　時事問題を扱った報道から情報や知識を得ていることがアピールできています。巨大IT企業への課税は、とてもホットな話題です。

➡⑩：○　主張➡根拠という流れがグッド。また、賛同している内容と賛同できない内容を対比的に示し、メリハリをつけている点もグッド。

➡⑪：○　適切な具体例による反論がグッド。米国の生物学者・環境学者であるギャレット・ハーディンは、個人の自由な欲求充足が有限な共有資源の乱獲を引き起こすと指摘しました。この経済学的法則は「コモンズ（共有地）の悲劇」と呼ばれます。小論文にもよく出題されるテーマです。

➡⑫：◎　感情的な応酬にならないよう、集団討論という知的な場への貢献を意識しつつ冷静に再反論できています。なお、「経営学の神様」と呼ばれる経済学者のドラッカーも、『マネジメント［エッセンシャル版］』（上田惇生編訳／ダイヤモンド社）などの著書のなかで、行政機関の非効率性について苦言を呈しています。

➡⑬：○　感情に走らず冷静に根拠を示して反論できている点がグッド。2022年時点で、日本の約8,000の病院のうち約8割が民間病院（私立病院）であり、国営・公営・その他の公的な病院は2割にすぎません。英国ではほぼ10割、フランスでは7割、ドイツでは5割が公立です。なお、2022年時点で、日本の病院数は世界一です（2位の米国が5,000強）。

コシバからのアドバイス

現代社会における国家・政府の役割については、近年、小論文の課題としてもよく出題されます。今回の集団討論でも、いくつかの重要な論点・トピックが挙げられました。みなさんも当事者意識からこのテーマに関する考察を深め、準備に励んでください。

巻末資料

模擬授業について

大学教員による講義を受けてレポートを作成するというタイプの課題です。基本的な流れは、小論文作成と同じです。すなわち、

> ❶ まずは、与えられた文章資料・統計資料や講義内容をまとめる。
> ❷ その後、自分の意見を書く。

という流れをとります。

❶での基本方針は、対比で表現することです。講義を担当する教員の発言内容と、講義のもととなっている文章資料・統計資料の記述内容では、何と何が比較されているか対比的にまとめましょう。このようなまとめ方は、大学で課されるレポートを書く際にも必要な技法です。大学入学後の学びを先取りするという意識で講義を聴きましょう。

レポートと小論文のまとめ方には相違もあります。

小論文では、文章資料・統計資料に関する内容を全体の約2～3割でまとめ、自分の意見を多めに書くことが求められます。一方、レポートでは、講義に関する内容を全体の約5～7割でまとめることが求められます。ただし、分量的なバランスについて大学側から指示が出ている場合には、その指示に従ってください。

❷「自分の意見を書く」についても、レポートと小論文とでは少し異なります。小論文では、著者の見解に対する賛否とその根拠や具体例など自分側が中心です。一方、レポートでは、講義を聴いてわかったことや関心・興味をもったこと、もっと知りたいと思ったこと、質問したいと思ったことや疑問に思ったことなどが中心です。

巻末資料

チェックリスト

＊自分の受験に必要な項目をチェックしましょう。

	項　目	詳　細
□	調査書	
□	志望理由書（研究計画を含む）	
□	活動報告書	
□	推薦書	
□	事前レポート	
□	小論文	
□	面接（個人面接・集団面接）	
□	模擬授業	
□	プレゼンテーション	
□	討論・ディベート	
□	共通テスト	
□	共通テスト以外の学力試験	
□	実技（スポーツ、音楽、美術など）	
□	その他	

小柴 大輔（こしば　だいすけ）

静岡県生まれ。大学の学部で歴史学（西洋史・歴史の哲学）、大学院で哲学（科学哲学・社会哲学）を専攻。現在、リクルートが運営するオンライン予備校「スタディサプリ」講師（現代文、小論文、推薦・総合型対策）、Z会東大進学教室講師（小論文）、大学受験専門ワークショップ講師（現代文、小論文、推薦・総合型対策）を務めるほか、辰巳法律研究所で司法試験対策の一般教養論文、法科大学院の論文対策や志望理由書対策の講座も担当。

各予備校および高校の課外授業で推薦・総合型対策を実施。各学部・学科の特徴・個性を意識させる指導により、毎年、驚異的な合格実績を上げている。志望理由書の添削依頼も全国から殺到。

著書は、『小柴大輔の　１冊読むだけで現代文の読み方＆解き方が面白いほど身につく本』、『話し方のコツがよくわかる　人文・教育系面接　頻出質問・回答パターン25』（以上、KADOKAWA）、『読み解くための現代文単語［評論・小説］〔改訂版〕』（文英堂）、『東大のヤバい現代文』（青春出版社）、『対比思考　最も シンプルで万能な頭の使い方』（ダイヤモンド社）など多数。

話し方（はなしかた）のコツがよくわかる
社会科学系面接（しゃかいかがくけいめんせつ）　頻出質問（ひんしゅつしつもん）・回答（かいとう）パターン25

2024年４月18日　初版発行

著者／小柴 大輔（こしば だいすけ）

発行者／山下 直久

発行／株式会社KADOKAWA
〒102-8177　東京都千代田区富士見2-13-3
電話　0570-002-301（ナビダイヤル）

印刷所／株式会社加藤文明社印刷所
製本所／株式会社加藤文明社印刷所

●お問い合わせ
https://www.kadokawa.co.jp/（「お問い合わせ」へお進みください）
※内容によっては、お答えできない場合があります。
※サポートは日本国内のみとさせていただきます。
※Japanese text only

定価はカバーに表示してあります。

ISBN 978-4-04-605254-4　C7030